SCHWARZWALD

SCHWARZWALD

Achim Käflein
Fotografie

Alexander Huber
Text

Georg Schramm
Vorwort

edition-kaeflein.de

Vorwort

Dieses Buch fällt aus dem Rahmen, nicht nur auf den ersten Blick wegen seines besonderen Formates. Auch auf den zweiten und dritten Blick ist es ein außergewöhnlicher Bildband. Das Besondere an diesem Buch ist die Haltung des Fotografen Achim Käflein zu seinem Subjekt Schwarzwald, und sie wird auf den zweiten und dritten Blick für den Betrachter erkennbar – wenn er sich etwas Zeit nimmt. Dafür wird er nicht entschädigt, sondern reich beschenkt.

Achim Käflein ist bei jedem Wetter unzählige Male mit dem Mountainbike kreuz und quer durch den Schwarzwald getourt. Aber er brauchte über 20 Jahre um wirklich anzukommen. Erst zu Fuß, mit 15 Kilo Fotogerät und viel Zeit kam er ans Ziel seiner Träume von Bildern, die seines Schwarzwalds würdig sind. Bilder oder Musik zu beschreiben ist immer unbeholfen, weil Auge und Ohr einen direkten Zugang zu unserem Inneren haben, ohne den Umweg der Worte über die Großhirnrinde – „unbeschreiblich" sagen wir, wenn uns die Worte fehlen. Trauen Sie also Ihren Augen, wenn Sie mit diesem kleinen Vorwort fertig sind. Die Bilder zeigen den Schwarzwald ohne Menschen, aber nicht unberührt von Menschenhand. Zu sehen ist eine Kulturlandschaft im besten Sinn, das Ergebnis einer jahrhundertelangen Symbiose von Mensch und Natur, die nur gelingen kann, wenn wir behutsam miteinander umgehen.

Um ungestört zu arbeiten, hat Käflein keine „Geheimtipps von Eingeborenen" aufgesucht, er war oft nur ein, zwei Stunden früher oder später an Orten, die wir alle kennen. Diese kleine Zeitverschiebung genügt und der Schwarzwald kann ungestört als Solist alles zeigen, was in ihm steckt. „Wenn das Licht am Schönsten ist, dann sind die Leute alle drinnen beim Essen", sagt Käflein. Zu solchen Zeiten serviert die alte Kulturlandschaft Augenschmaus und Seelenspeise, die jede verschobene Mahlzeit weit übertreffen. An einem Novembermorgen kurz vor Sonnenaufgang kann man sich an einen unberührten Titisee laben und ein früher Wintermorgen im verschneiten Wald kann uns eine spirituelle Ruhe schenken, die einen Gottesdienst zur Dorfkirmes degradiert. Unter den Winterbildern sind einige, die wie Schwarz-Weiß-Fotografien wirken, es sind aber Farbaufnahmen. Es ist die Natur, die alles außer Schwarz-Weiß weggenommen hat und uns durch diese Reduktion Einblicke von fast mystischer Kraft und Tiefe gewährt. In diesen Andachtsräumen haben selbst hartgesottene Agnostiker und Atheisten freien Eintritt.

Kurt Tucholsky hat dem „Unbeschreiblichen" dieser Bilder ein literarisches Denkmal gesetzt. Auf dem Höhepunkt der Weltwirtschaftskrise schrieb er 1929: „ ... es gibt ein Gefühl jenseits aller Politik, und aus diesem Gefühl heraus lieben wir unser Land ... aus tausend Gründen, die man nicht aufzählen kann, die uns nicht einmal bewusst sind und die doch tief im Blut sitzen. Wir lieben es trotz der schrecklichen Fehler, ... es ist ein gespaltenes Land. Ein Teil von ihm sind wir. Und in allen Gegensätzen steht – unerschütterlich, ohne Fahne, ohne Leierkasten, ohne Sentimentalität und ohne gezücktes Schwert – die stille Liebe zu unserer Heimat."

aus: Heimat, in „Deutschland, Deutschland über alles", Rowohlt, 1929

Georg Schramm

Foreword

This book is different – and not just at first glance because of its unusual format. A second and third look will confirm that this is an extraordinary collection of photographs. This book is special because of how photographer Achim Käflein feels about his subject – the Black Forest – and those feelings become clearer to those who take the time for that second and third look. Those who do will be richly rewarded.

Achim Käflein has ridden his mountain bike all over the Black Forest countless times, no matter what the weather. But he needed more than 20 years to really get where he wanted; only when he went by foot, with 30 pounds of photography equipment and plenty of time, did he achieve his dream of shooting photos worthy of his Black Forest.

It is always difficult to describe pictures and music, because our eyes and ears have a direct path to an inner part of us without having to take a detour with words via the cerebral cortex – when we can't find the words, we simply say that something is "indescribable." Once you are done with this little foreword, it is therefore best to just trust your eyes.

The pictures show the Black Forest empty of people, but not untouched by human hands. You will see a "man-made" landscape in the best sense of the word, the result of a centuries-long symbiosis of humans and nature that can only succeed if we treat each other with care.

In order to work undisturbed, Käflein didn't grill the locals for hot tips; in fact, he was often at spots that we all know – just an hour or two earlier or later than everyone else. Those couple of hours are enough for the Black Forest to shine as a soloist and display its beauty without interruptions. "The light is most beautiful right around when everyone is inside eating," Käflein points out. At those times, the landscape serves eye candy and food for the soul that more than outdoes whatever meal is being delayed. Just before the sun rises on a November morning, you can enjoy the untouched waters of Titisee, while an early winter morning in the snow-covered forest can convey to us a spiritual peace that makes a solemn religious service seem like a small-town church fair in comparison. Some of the photographs taken in the winter seem to be black and white – but are, in fact, color. The force that took away everything but black and white is nature, and this reduction gives us an insight into its almost mystical power and depth. Even dyed-in-the-wool agnostics and atheists are welcome in this chapel.

Kurt Tucholsky wrote an homage to the kind of "indescribability" that can now be found in these pictures. At the height of the Great Depression, in 1929, he wrote, "There is a feeling beyond all politics, and it is because of this feeling that we love our country…because of a thousand reasons that cannot be named, that we are not even conscious of and yet that course through our veins. We love it despite the terrible mistakes…it is a divided country. We are one part of it. And among all the contradictions is – steadfast, without a flag, without a street organ, without sentimentality and with no sword drawn – our quiet love for our homeland."

from: Heimat, in „Deutschland, Deutschland über alles", Rowohlt, 1929

Georg Schramm

Blick zum Thurner
View of Thurner

Panoramablick in das Dreisamtal
Panoramic view of Dreisamtal

Rechte Seite: Siedelbach bei Titisee-Neustadt
Right page: Siedelbach, near Titisee-Neustadt

Seite 10/11: Die gestaute Schönmünz nahe Schönmünzach
Page 10/11: The dammed Schönmünz River, near Schönmünzach

Todtnauer Wasserfall
Todtnau Waterfall

Im Glottertal
In Glottertal

Bei St. Märgen
Near St. Märgen

Oben links und unten rechts: Im Glottertal
Above left and below right: In Glottertal

Oben rechts und unten links: Bei Haslach im Kinzigtal
Above right and below left: Near Haslach, in Kinzigtal

Rechte Seite: Bergwiese oberhalb von Eschbach im Dreisamtal
Right page: Alpine meadow above Eschbach in Dreisamtal

Neuhäusle bei St. Märgen
Neuhäusle, near St. Märgen

Weg von der Höfener Hütte zum Hinterwaldkopf
Trail from the Höfener Hütte guesthouse to Hinterwaldkopf

Seite 26/27: Wald bei Schwärzenbach
Page 26/27: Forest near Schwärzenbach

Sägewerk in Bad Rippoldsau-Schapbach
Sawmill in Bad Rippoldsau-Schapbach

Schwarzwald

Was eigentlich ist schwarz am Schwarzwald? Gewiss, wer ihn näher kennt, der weiß auch um seine düsteren Seiten, die sich etwa an einem grauen November- oder Apriltag zeigen, wenn der Blick in den Wald einen buchstäblich schwarz vor Augen werden lässt. Auch diese Düsternis kann ihre Reize entfalten, typisch für unser Bild vom Schwarzwald ist sie hingegen nicht. Verbinden wir nicht eher Grüntöne mit dieser Landschaft – vom hellen, frischen Grün der Weiden bis zum ernsten, beruhigenden Dunkelgrün der Nadelwälder? Und sollte man sich für eine zweite Farbe entscheiden, würden wir da nicht Blau wählen – das strahlende, manchmal fast schon unwirklich tiefe Blau des Himmels, der sich an so vielen Tagen über Berge und Täler wölbt. Oder jener ganz helle magische Blauton, der den tief verschneiten Schwarzwald zu einer Märchenlandschaft werden lässt?

Es spricht viel dafür, dass der Name Schwarzwald nicht auf die tatsächlichen Farben der Landschaft anspielen sollte, sondern eher einen psychologischen Hintergrund hatte. Die Römer, die sich in der Rheinebene ganz augenscheinlich sehr wohl fühlten, mieden den Schwarzwald sorgsam. Aber auch die Einheimischen, die Alemannen etwa, bevorzugten es, an seinem Rand zu bleiben. Über lange Zeit hinweg galt das Gebirge mit seinen dichten Wäldern, vor allem aber mit seinem unwegsamen Gelände und seinen mitunter heftigen Wetterkapriolen, die noch heute unvorsichtigen Touristen zum Verhängnis werden können, als gefährlich und abstoßend.

Doch auch dieser Eindruck hat sich längst gewandelt. Vom Ort des Schreckens zu einem Sehnsuchtsort ist der Schwarzwald geworden – und das für Menschen auf der ganzen Welt. Eine womöglich typische Anekdote: Eine Gruppe von Australiern ist auf Tour durch Europa. Viele berühmte Sehenswürdigkeiten in Spanien, Italien, England, Frankreich und anderen Ländern haben die Gäste von Down Under auf ihrem Parforceritt über den alten Kontinent schon gesehen. Doch als ihr Reisebus durch den Schwarzwald steuert, da wird in der Gruppe bald die fast schon empörte Frage an die Reiseleitung laut: „Warum habt ihr uns nicht gleich hierher gebracht?"

Das Bild vom schmucken Schwarzwald ist übrigens älter als viele glauben, auch wenn im Nachkriegsdeutschland einschlägige Filme der bis heute nachwirkenden Romantisierung per Bollenhut und klappernder Mühle nochmal einen kräftigen Schub gaben. Bereits 1840 setze sich ein gewisser Joseph Bader, ein badischer Archivar, mit dem auch aus seiner Sicht in die Irre führenden Namen des Mittelgebirges auseinander. Auch wenn die Sprache damals eine andere war – das Bild, das er vom Schwarzwald zeichnet, unterscheidet sich kaum von dem, das sich wohl die meisten von uns auch heute noch von dieser Landschaft machen: „Der Name Schwarzwald mußte es mitbringen, daß der Fremde mit dem Gebirgsland, welches denselben trägt, einen düsteren und schauerlichen Begriff verband", schrieb Bader. „Wenn aber der Wanderer von den herrlichen Rhein-, Donau- oder Neckarthälern die Höhen des Schwarzwaldes besteigt, wie wird er überrascht seyn, etwas ganz Anderes zu finden, als er erwartet. Denn er findet [...] ein großentheils heiteres, vielfach ausgestocktes und angebautes, von schönen Straßen und bequemen Pfaden durchschnittenes, mit unzähligen Höfen und vielen oft sehr großen, immer wohlhabenden und reinlichen Dörfern belebtes Gebirgsland, wo üppige Wiesen die Thalgründe, herrliche Thannwaldungen oder freie Haiden die Halden und Berge bedecken, wo tausend frische Quellen sich zu Bächen, zu Seen und Flüssen sammeln und eine reine Luft voll stählender Frische und balsamischer Düfte weht."

Befragt man Gäste und auch Einheimische, was sie am Schwarzwald fasziniert, so wird oft dieses Naturerlebnis genannt, das viele gerne in einen Gegensatz zur Moderne setzen – zu einer technisierten, als natur- und letztlich auch menschenfeindlich empfundenen Umwelt. Zurück zur Natur, zurück zum Ursprünglichen, so lautet die mitunter romantisch verklärte Sehnsucht, die sich mit dem Schwarzwald verbindet. Das ist so falsch nicht – und doch steckt dahinter auch der Ansatz eines gravierenden Missverständnisses. Der Schwarzwald, wie wir ihn heute kennen und lieben, ist nur noch an sehr wenigen Stellen ursprünglich. Er ist eine stark vom Menschen geformte Landschaft, eine Kulturlandschaft im wahrsten Sinne des Wortes.

Diese Erkenntnis mag auf den ersten Blick ernüchternd wirken. Und doch hat sie auch etwas Tröstliches und Mut machendes. Der Schwarzwald zeigt, dass der so oft formulierte Gegensatz von Mensch und Natur kein Grundgesetz sein muss. Er zeigt, dass sich der Mensch mit der Natur arrangieren, ja sogar mit ihr verbünden kann – und dass so im besten Fall gleichzeitig etwas Nützliches und Reizvolles entstehen kann. Der Schwarzwald zeigt aber auch, wie schmal der Grat ist, auf dem wir uns bewegen, wenn wir eine Kulturlandschaft im guten Sinne formen wollen. Er zeigt, wie viel Umsicht und Respekt nötig sind, will man die Natur als Partner nicht verlieren. Ein Blick in die Geschichte des Schwarzwaldes genügt, um zu sehen, wieviele Fehler auf diesem wahrlich nicht einfachen Weg bereits gemacht worden sind. Viele Fehler hat der Mensch korrigieren können, doch steht er bis heute im Begriff, neue Fehler zu machen oder alte zu wiederholen. Mögen die Fotografien in diesem Buch dazu beitragen, dem Schwarzwald auch in Zukunft mit Bewunderung und Respekt begegnen zu können.

Geografie

Der Schwarzwald ist Deutschlands größtes Mittelgebirge. Grob gemessen ist er dreimal so lang wie breit. Von Norden nach Süden erstreckt sich der Schwarzwald über 150 Kilometer, seine Breite wird zwischen 30 und 60 Kilometern angegeben. Eine genaue Abgrenzung ist gar nicht so einfach: Zwar fällt der Schwarzwald im Süden und Westen zum Rhein hin steil ab, im Norden und Osten aber geht er teils unmerklich in die benachbarten Landschaften, wie etwa den Kraichgau oder die Baar, über. Diese an einen Keil erinnernde Form hat erdgeschichtliche Ursachen: Vor etwa 50 Millionen Jahren hoben sich der heutige Schwarzwald und die Vogesen als ein Massiv empor, rund 25 Millionen Jahre später brach der Oberrheingraben ein. Die Vogesen, die man an schönen Tagen gut vom Westrand des Schwarzwaldes sehen kann, sind sozusagen das Schwestergebirge des Schwarzwaldes, zeigen heute jedoch einen ganz anderen Charakter.

Nicht nur das größte, sondern auch das höchste deutsche Mittelgebirge ist der Schwarzwald. Nur sieben Meter trennen den Feldberg von der 1500-Meter-Marke. Die höchste Erhebung des Schwarzwaldes ist damit auch der höchste Berg Deutschlands außerhalb der Alpen. Rund 100 Gipfel sind höher als 1000 Meter, die imposantesten Erhebungen findet man im Süden. Von vielen als schönster Schwarzwaldgipfel wird der Belchen bezeichnet, mit 1414 Metern der dritthöchste Berg des Schwarzwaldes nach dem Feldberg und dem Herzogenhorn. Die kahle Kuppe des Belchens erinnert an die Tonsur eines Mönches; in alle Himmelsrichtungen bietet sich eine fantastische Aussicht. Spektakuläre Ausblicke ermöglichen auch die Gipfel, die sich direkt an der steilen Westkante befinden, wie etwa der 1284 Meter hohe Schauinsland bei Freiburg oder der Hochblauen (1165 Meter), der sich zwischen Badenweiler und Kandern erhebt. Ein markanter Berg im mittleren Teil des Schwarzwaldes, der im Durchschnitt niedriger ausfällt als der Norden und der Süden, ist der 1241 Meter hohe Kandel.

Gewöhnlich wird der Schwarzwald in einen nördlichen, mittleren und südlichen Raum aufgeteilt, seltener ist nur vom Nord- und vom Südschwarzwald die Rede. Auch wenn die Aufteilung nicht messerscharf und einheitlich erfolgen kann, trifft sie doch zu – und zwar sowohl aus geographischen als auch kulturellen Gründen. Der Schwarzwald ist nämlich keinesfalls die homogene Landschaft als die sie – vor allem aus der Ferne – wahrgenommen wird. Dem Klischee vom romantischen Schwarzwald mit seinem Wechsel von Weiden und Wäldern dürfte man im Südschwarzwald noch am nächsten kommen. Dieser Teil erstreckt sich, ganz grob gesehen, südlich einer Diagonalen, die von Emmendingen im Westen bis Waldshut im Südosten reicht. Der Mittlere Schwarzwald, eine urige, von vielen eng eingeschnittenen Tälern geprägte Landschaft, entspricht einem Streifen, dessen Mitte ungefähr von einer Linie markiert wird, die von Offenburg bis Villingen-Schwenningen reicht. Eine Linie, die man südlich von Baden-Baden nach Freudenstadt ziehen kann, kann man sich schließlich als Abgrenzung zum Nordschwarzwald vorstellen. Dort wird der Schwarzwald seinem Namen am ehesten gerecht: Großflächige Wälder prägen diesen Raum, dessen höchste Erhebung mit 1164 Metern die Hornisgrinde ist.

Der Nordschwarzwald ist auch der an Niederschlägen reichste Teil des Mittelgebirges, der Süden wird ein wenig von den Vogesen abgeschirmt. Wasser aber ist überall im Schwarzwald ein prägendes Element – sei es in Form der vielen Bäche und Flüsse, die in Verbindung mit Bäumen und Felsen oft besonders reizvolle Landschaften bilden, oder in Form von Teichen und Seen. Die meisten von ihnen wurden von Eiszeitgletschern herausgebildet. Der größte aber, der Schluchsee, verdankt zumindest seine heutige Form menschlicher Baukunst. Das mehr als sieben Kilometer lange, aber nur wenige hundert Meter breite Gewässer im Südschwarzwald ist ein Stausee, dessen Wasserkraft zur Stromerzeugung genutzt wird.

Obwohl der Schwarzwald inzwischen gut erschlossen ist, zeugt die Siedlungs- und die Infrastruktur bis heute von den herausfordernden Bedingungen, die der Schwarzwald an eine Besiedlung durch den Menschen stellte. So ist es auch heute noch nicht ganz einfach, sich in nord-südlicher Richtung durch den Schwarzwald zu bewegen, die Ost-West-Achsen sind dagegen deutlich besser ausgebaut. Wer auf Schusters Rappen unterwegs ist, kann allerdings den Schwarzwald auf ganz besonders attraktiven Pfaden der Länge nach entdecken: Der rund 280 Kilometer lange Westweg von Pforzheim nach Basel gilt als einer der schönsten Wanderwege Deutschlands.

Für mitteleuropäische Verhältnisse ist der Schwarzwald bis heute ein dünn besiedeltes Gebiet. Größere Orte wie Pforzheim, Karlsruhe, Offenburg, Freiburg, Lörrach oder Villingen-Schwenningen findet man eigentlich nur am Rande des Mittelgebirges. Und obwohl der Schwarzwald komplett in Baden-Württemberg liegt, stehen die Chancen relativ gut in ein (heutzutage nicht mehr ganz so dramatisches) Fettnäpfchen zu tappen, wenn man einen Schwarzwälder als Schwaben bezeichnet. Nur ein kleiner Teil im Osten befindet sich auf württembergischem Gebiet, der Großteil des Schwarzwaldes ist dagegen badisch.

Historie

Wenn man sich mit der Geschichte des Schwarzwaldes beschäftigt, dann geht es weniger um die großen Irrungen und Wirrungen der Politik. Nur selten – wie etwa beim Zug des demokratischen Revolutionärs Friedrich Hecker 1848, der in der Schlacht bei Kandern scheiterte – war das dünn besiedelte Mittelgebirge Schauplatze von Ereignissen, die ein Chronist der „großen" Geschichte vermerken würde. Die Geschichte des Schwarzwalds ist vor allem eine Wirtschaftsgeschichte – eine Geschichte, die davon erzählt, wie die „kleinen" Leute in dieser über Jahrtausende eher als unwirtlich empfundenen Gegend überlebten. Doch es wäre zu kurz gegriffen, den Schwarzwald einfach eine „arme" Gegend zu nennen. Im Gegenteil: Mancherlei Schätze bot und bietet er – doch sie fielen den Menschen nicht in den Schoß. Mühsam mussten sie der Natur abgerungen werden. Vieles, was wir heute als Inbegriff der Schwarzwaldromantik empfinden, ist aus dieser mühevollen Auseinandersetzung hervorgegangen. Etwa die typischen Schwarzwaldhöfe, die sich so entwickelt haben, dass sie eine möglichst effiziente Landwirtschaft ermöglichen und einen guten Schutz gegen Wind und Wetter boten.

Auf der anderen Seite: Hatte der Mensch die Kniffe herausgefunden, mit denen er die begehrten Güter der Natur abringen konnte, dann schoss er nicht selten über das Ziel hinaus. Ein Beispiel dafür ist der Bergbau im Schwarzwald. Schon in der Jungsteinzeit hatten die Menschen erkannt, dass das Gebirge Wertvolles in sich barg. Allerdings beschränkten sich diese ersten Bemühungen in der Regel auf den Rand des Schwarzwaldes, wie etwa am Isteiner Klotz oder in Sulzburg, wo Steinzeitmenschen nach Jaspis, Feuerstein oder Hämatit gruben. Später wagte man sich weiter in den Schwarzwald hinein, um vor allem Erze zu fördern. Der Silberbergbau machte manche Orte reich, ist aber auch ein anschauliches Beispiel dafür, dass ökologische Probleme kein Phänomen der Neuzeit sind. Zwischen dem 11. und 13. Jahrhundert erreichte der Bergbau im Schwarzwald seinen Höhepunkt. Um an den Reichtum unter der Erde zu kommen, wurden unzählige Bäume gefällt und die Flüsse aufgrund der Auswaschungen in den Bergwerken mit Schwermetallen belastet. Ein Nachlass, der Auswirkungen bis heute hat. Erst vor wenigen Jahren wurde einer breiteren Öffentlichkeit bewusst, dass viele Böden in Schwarzwaldtälern wie dem Münstertal oder dem Gutachtal mit Blei, Arsen und anderen giftigen Metallen belastet sind. Inzwischen haben sich die Behörden dieses Problems angenommen und achten darauf, dass aus den mittelalterlichen Öko-Sünden keine gesundheitlichen Probleme für die Menschen von heute erwachsen.

Der Reichtum aus dem Bergbau war nicht von Dauer. Spätestens mit der Entdeckung der Neuen Welt und ihren gigantischen Rohstoff-Schätzen wurden die Bergwerke im Schwarzwald immer unrentabler. Ein frühes

Beispiel für Globalisierungsverlierer. Der letzte Bodenschatz, mit dem man im Schwarzwald Geld verdienen wollte, war Uran. 1991 wurde eine Grube in Menzenschwand geschlossen, aus der man 100.000 Tonnen Uranerz gefördert hatte.

Noch bedeutender für die Geschichte des Schwarzwaldes war der Umgang mit dem Schatz, den man nicht unter, sondern über der Erde fand: Holz. Als die Römer in diese Gegend kamen, da fanden sie einen Wald vor, der zwar undurchdringlich, aber keineswegs schwarz war, sondern sich in unterschiedlichen Grüntönen präsentierte – ein Mischwald. Im Laufe der folgenden Jahrhunderte wurde der Wald, der doch zunächst als eine unerschöpfliche Rohstoffquelle schien, gnadenlos ausgebeutet. Man brauchte das Holz für den Bergbau, für die Glasbläser, die Köhlerhütten und nicht zuletzt auch als Bauholz. Berühmt wurden die Schwarzwälder Flößer, etwa aus dem Kinzigtal. Kräftige und furchtlose Gesellen, die die Baumstämme aus dem Schwarzwald bis nach Holland brachten, wo sie unter anderem für den Fundamentbau verwendet wurden. Halb Amsterdam ist auf Schwarzwälder Holz erbaut.

Der Raubbau an der Natur war jedoch gnadenlos. Gegen Ende des 18. Jahrhunderts waren nur noch zehn Prozent des Schwarzwaldes mit Bäumen und Büschen bedeckt. Mitte des 19. Jahrhunderts zog die Obrigkeit endlich die Notbremse, gewaltige Aufforstungsprojekte wurden gestartet. Um schnell zum Erfolg zu kommen, griffen die damaligen Förster auf rasch wachsende Bäume, vorwiegend Fichten, zurück. So entstand das von Nadelbäumen geprägte Bild des Schwarzwaldes, das diese Landschaft bis heute in weiten Teilen prägt. Die moderne Forstwirtschaft geht heute sehr viel intelligenter mit der Nach- und Aufforstung um, die Zeit der gesichtslosen Monokulturen scheint vorbei. Doch es gibt neue Herausforderungen: Nachdem der Saure Regen in den 1980er-Jahren noch einmal das Gespenst vom Verschwinden des Waldes sehr real werden ließ, ist es heute vor allem die Klimaerwärmung samt Borkenkäferplagen und heftigen Unwettern, die die Forstexperten über die Zukunft des Waldes nachdenken lässt. Und so werden auch unsere Nachkommen sehr wahrscheinlich wieder einen anderen Schwarzwald vorfinden als wir heute im beginnenden 21. Jahrhundert.

Geprägt haben das Bild dieser Landschaft im entscheidenden Maße auch die Landwirte, die sich bis heute deutlich mehr mühen müssen als ihre Kollegen in der Ebene. Die langen Winter in den Höhenlagen machten die Bauern notgedrungen arbeitslos. Andere Tätigkeiten waren gefragt und so entwickelte sich das Schwarzwälder Handwerk, allen voran die Uhrenmacherei. Aus bescheidenen Anfängen entstand im Laufe der Jahrhunderte eine anerkannte Tradition vor allem im Bereich der feinmechanischen Industrie, die bis heute nachwirkt. Das Bild von den findigen Tüftlern im Südwesten Deutschlands wurde auch von den Schwarzwäldern mitgezeichnet.

Industrie in großem Ausmaß jedoch hat sich hier nie entwickeln können. Zu bescheidenem Wohlstand kamen viele Schwarzwälder erst, als man entdeckte, dass sich die Natur nicht nur ausbeuten lässt, sondern dass man sie auch anderen zu Erholungszwecken zur Verfügung stellen kann. Die Entwicklung des Fremdenverkehrs ist zwar nur eine kurze Episode in der langen Geschichte des Schwarzwaldes – organisierten Tourismus gibt es hier erst seit gut 100 Jahren – dafür eine besonders bedeutende. Der Schwarzwald profitiert bis heute davon, dass er eigentlich zu allen Jahreszeiten attraktiv ist. Für den aufstrebenden Wintersport wurde der Schwarzwald Ende des 19. Jahrhunderts zu einem lohnenden Ziel. 1891 wurde in Todtnau der erste deutsche Skiclub gegründet.

Neben dem Umstand, dass die moderne Industriegesellschaft überhaupt erst eine nennenswerte Anzahl von Menschen so reich machte, dass sie sich einen Urlaub leisten konnten, war für die Entwicklung des Tourismus im Schwarzwald der Ausbau der Infrastruktur von entscheidender Bedeutung. Erst die Erfindung der Eisenbahn ermöglichte es, Menschen in größerer Zahl hierher zu bringen. 1873 ging die Schwarzwaldbahn von Offenburg nach Singen in Betrieb, 1887 wurde die Höllentalbahn eingeweiht – noch aus heutiger Sicht eine beeindruckende Ingenieurleistung. Spätestens nach dem Zweiten Weltkrieg folgte der Individualverkehr – und das mit voller Wucht. Die damalige Begeisterung für das Automobil scheint heute selbst eingefleischten PS-Freunden kaum mehr geheuer. Aus den 1950er- und 60er-Jahren gibt es Bilder, auf denen „Autowanderer" in langen Blechschlangen im Schritttempo über die Schwarzwaldstraßen rollen. In den 50er-Jahren begann auch die große Zeit der „Gesellschaftsreisen" mit Veranstaltern wie Hummel oder Touropa, die einen gewaltigen Ausbau der Hotelkapazitäten nach sich zogen.

Auch hier schoss man über das Ziel hinaus. In den 1980er-Jahren erlebten Teile des Schwarzwald-Tourismus eine heftige Krise. Die Deutschen zog es im Urlaub immer mehr ins Ausland, daneben wurden Ferienwohnungen und Campingplätze beliebter. Rund 900 Hotels mussten in dieser Zeit schließen. Aufwärts ging es erst wieder nach der Wiedervereinigung: Mit mehr als 21 Millionen Übernachtungen wurde 1991 ein Rekordjahr. Seitdem haben sich die Übernachtungszahlen auf einem hohen Niveau – zwischen 18 und 19 Millionen pro Jahr – eingependelt. Dafür müssen die Schwarzwälder Gastgeber sehr viel mehr tun als früher, denn die Verweildauer ist stetig gesunken. Blieb 1975 ein Gast im Schnitt noch 6,8 Tage, sind es heute gerade mal gut 3 Tage. Auch die Kalkulation und Organisation wird schwieriger. Die Gäste entscheiden sich spontaner, die Ansprüche steigen stetig. Bislang aber hat der Schwarzwälder Tourismus – früher oder später – noch auf jede Herausforderung eine Antwort gefunden.

Gegenwart

Der Schwarzwald ist eine stark vom Menschen geprägte Landschaft. Auch wenn manche Gegenden weitgehend unberührt erscheinen, liegt dieses Mittelgebirge doch in einer der am dichtesten besiedelten Regionen der Erde. Mensch und Natur müssen sich arrangieren. In unserer hochtechnisierten Welt scheint es mitunter, als hätte die Natur unserem Treiben wenig entgegen zu setzen. Doch manchmal schlägt sie gewaltig zurück. Am zweiten Weihnachtstag des Jahres 1999 zog ein Orkan namens „Lothar" über den Schwarzwald hinweg, dessen ungeheure Zerstörungskraft bis heute an vielen Stellen sichtbare Spuren hinterlassen hat. Experten befürchten, dass in Folge der Erderwärmung derart heftige Stürme sich auch in unseren Breitengraden häufen könnten.

Doch ein Blick in die Geschichte zeigt, dass es unsinnig wäre, sich nach der guten alten Zeit zurück zu sehnen. Der Mensch hat dem Schwarzwald immer wieder auf das Heftigste zugesetzt; sein heutiges Erscheinungsbild dürfte deutlich attraktiver sein als in manch einem zurückliegenden Jahrhundert. Die letzte große Krise ist indes noch gar nicht so lange her. In den 1980er-Jahren konnte man so manche günstige Ferienwohnung erwerben, weil die Vorbesitzer befürchteten, dass der Wald im Schwarzwald bald nur noch in seinem Namen zu finden sein wird. Saurer Regen und Waldsterben wurden zu geradezu existenzbedrohenden Begriffe – kaum mehr vorstellbar heute, gerade mal 30 Jahre später. Dass die große Katastrophe ausgeblieben ist, heißt nicht, dass alles im Lot ist: Der Wald ist noch immer krank, wie die jährlichen, in der Öffentlichkeit kaum mehr beachteten, Waldschadensberichte darlegen. Große Summen werden jedes Jahr ausgegeben, um den Wald zu kalken und so der Übersäuerung entgegen zu wirken.

Der Schwarzwald steht vor etlichen neuen Herausforderungen. Ein zentrales Thema ist die Zukunft der traditionsreichen Schwarzwälder Landwirtschaft. Die Struktur der hiesigen bäuerlichen Betriebe, vor allem aber die schwierige Topografie des Schwarzwaldes und das in den Höhenlagen durchaus raue Klima sind im immer härter werdenden globalen Kampf um die Lebensmittelproduktion echte Wettbewerbsnachteile. Bauern in Norddeutschland können Milch deutlich günstiger produzieren als ihre Kollegen im Schwarzwald. Viele haben in den vergangenen Jahrzehnten bereits aufgegeben, was nicht nur aus ökonomischer Sicht neue Schwierigkeiten bringt. Denn der Schwarzwald steht heute vor einem Problem, das Außenstehenden auf den ersten Blick kurios erscheinen mag: Nicht zu wenig Wald – wie so häufig in der Vergangenheit – gibt es hier, sondern bald womöglich zu viel. Die Offenhaltung der Landschaft zählt zu den aktuell heißesten Themen, die im Schwarzwald diskutiert werden. Längst nämlich sind die Landwirte nicht nur Nahrungsmittel-Produzenten, sondern auch Landschaftspfleger – wofür sie von der öffentlichen Hand Subventionen bekommen, ohne die das Überleben noch schwieriger wäre.

Ohne eine funktionierende Landwirtschaft würde sich das Bild des Schwarzwaldes radikal – und wie zu befürchten ist – sehr zu seinem Nachteil wandeln. Doch es gibt auch Zeichen der Hoffnung: Viele Schwarzwälder Landwirte haben erkannt, dass sie mit Massenproduktion nicht konkurrenzfähig sind. Eine ökologisch verträgliche, auf Qualität setzende Erzeugung von Lebensmitteln ist auf dem Vormarsch. Etliche Landwirte vermarkten ihre Produkte direkt, was oft kostengünstiger ist und vor allem ein unmittelbares Eingehen auf die Wünsche der Kunden ermöglicht. Manche Bauern finden auch interessante Nischen, in denen sich arbeiten und leben lässt. Shooting-Star unter den Nutztieren im Schwarzwald ist die Ziege, die in dem schwierigen Gelände wunderbar zurechtkommt. Nun müssen nur noch mehr Deutsche lernen, dass auch Ziegenkäse ganz vorzüglich schmecken kann.

Zukunftsperspektiven eröffnet auch die Wandlung des Landwirtes zum Energiewirt. Freilich vollzieht sich diese Entwicklung alles andere als konfliktfrei. Prinzipiell ist der Schwarzwald ein Energie-Paradies. Alle wichtigen Formen der regenerativen Strom- und Wärmeerzeugung lassen sich hier nutzen: Der Wald stellt Holz für Brennholz, Hackschnitzel und Pellets bereit, die Gewässer eignen sich für viele Formen von Wasserkraftanlagen, auf den Schwarzwälder Gipfeln bläst es so ordentlich, dass sich die Nutzung der Windkraft anbietet, und es scheint hier auch genug Sonne, dass man die Installation von Solaranlagen in Erwägung ziehen kann. Derart günstige Voraussetzungen lassen manche Schwarzwälder Gemeinde von einer energieautarken Kommune träumen. Von einer Versorgung, die nicht nur ohne fossile Brennstoffe und Atomkraft auskommt, sondern auch Strukturen schafft, die unabhängig machen von zentralen und monopolistisch aufgestellten Energielieferanten.

Doch umsonst sind auch diese Energieformen nicht zu haben. Der Preis: Sie verändern die Landschaft. Aktuell wird dies bei der Windkraft heiß diskutiert, die nach dem Wechsel der baden-württembergischen Landesregierung und Jahren der Blockade durch konservative Politiker nun stark ausgebaut werden soll. Doch wie vertragen sich die Windräder mit der idyllischen Landschaft? Nicht wenige befürchten eine Verspargelung, andere wiederum glauben, dass bei einer behutsamen Auswahl der Standorte die Windkraftanlagen durchaus auch ästhetische Reize entfalten können. Bei der Frage der Akzeptanz dieser Energieform wird auch einiges davon abhängen, ob die durch die Windkraft gewonnene Wertschöpfung in der Region verbleiben kann oder doch wieder von großen Konzernen abgefischt wird.

In vielen Teilen des Schwarzwaldes wird aufgrund des demographischen Wandels und sinkender Bevölkerungszahlen in Zukunft die Infrastruktur nur noch mühsam aufrecht erhalten werden können. Wenn Geschäfte, Schulen, Handwerksbetriebe und Arztpraxen schließen, dann – so steht zu befürchten – wird die Landflucht sich noch beschleunigen. Am Rande des Schwarzwaldes, vor allem im Rheintal, aber auch in manchen gut erschlossenen Schwarzwaldtälern selbst bleibt dagegen die Versuchung groß, Landschaft in großem Stil zu verbrauchen. Das Oberrheintal liegt im Bereich der sogenannten Blauen Banane – das ist ein schmaler Streifen durch Mitteleuropa, der sich vom Süden Großbritanniens bis nach Norditalien zieht, und dem viele Experten eine große Wirtschaftskraft und weiterhin eine dynamische Entwicklung bescheinigen. Dass ein ziemlich undifferenzierter Wachstumsbegriff nach wie vor Konjunktur hat, lässt sich etwa im Breisgau und im Markgräflerland beobachten, wo nach wie vor neue Gewerbe- und Wohngebiete in beachtlicher Zahl aus dem Boden gestampft werden. Immer mehr Menschen aber sehen diese Entwicklung mit Sorge und fragen sich, ob sie auf Dauer gut gehen kann. Diskussionen um Flächennutzungs- und Bebauungspläne, die früher von Bürgermeistern und Gemeinderäten weitgehend unbeachtet ausgetragen wurden, finden vermehrt in aller Öffentlichkeit statt und rufen Bürgerbewegungen und Interessengemeinschaften auf den Plan.

Ähnlich kritische Debatten spielen sich auf dem Feld des Tourismus ab – einem weiteren Bereich, der für den Schwarzwald von existenzieller Bedeutung ist. Wie kann man die Gäste locken, denen frische Luft und schöne Wanderwege nicht genug sind? Exemplarisch lassen sich die Streitigkeiten, die um diese Frage entstehen können, an der Diskussion ablesen, die der geplante Neubau eines Parkhauses auf dem Feldberg ausgelöst hat. Auf dem Feldberg, einem attraktiven Ziel für Wintersportler, herrscht an manchen Tagen in der kalten Jahreszeit ein großes Verkehrschaos. Dem wollten die Gemeindeoberen mit einem in den Berg hineingebauten Parkhaus begegnen. Millionen für ein Projekt, das an den meisten Tagen des Jahres so gut wie leer stehen würde und ein grober Eingriff in die Natur wäre, meinten die Kritiker. Der Feldberg polarisiert ohnehin die Gemüter. An schönen Winterwochenenden herrscht dort oben Ballermann-Stimmung, die schon so manchen einheimischen Skifahrer in die Alpen vertrieben hat. Auf der anderen Seite leben nicht wenige von den Gästen, die auch im Schwarzwald Parties feiern wollen. Der Klimawandel tut ein übriges dazu, um die Situation noch komplizierter zu machen. Derzeit, so scheint es, profitiert der Feldberg noch von der Erderwärmung, weil er, im Gegensatz zu vielen anderen Wintersport-Gebieten im Schwarzwald, noch halbwegs schneesicher ist. Und wenn die Natur dann doch nicht so ganz mitspielt, lässt sich mit Schneekanonen nachhelfen.

Nicht das Klima, dafür aber das Wetter stand am Anfang der Diskussion über ein weiteres umstrittenes Tourismus-Projekt: das Badeparadies Schwarzwald in Titisee. Was können wir unseren Gästen bieten, wenn ihnen aufgrund des Wetters nicht der Sinn nach Wander- und Radtouren steht, so lautet die Frage, die nicht nur in Titisee, sondern auch an vielen anderen Orten im Schwarzwald von den

Fremdenverkehrsexperten gestellt wird. Im Gegensatz zum Parkhaus am Feldberg, das womöglich nie gebaut wird, steht das Badeparadies inzwischen. Doch die Meinungen über Sinn und Ausführung dieses Projekts sind nach wie vor geteilt. Nur wenige Beispiele von vielen, die zeigen, wo die aktuellen Konfliktlinien verlaufen. Ein Schwarzweiß-Denken ist dabei selten hilfreich. Doch man sollte achtsam darauf schauen, dass man um kurzfristiger Profite willen nicht das zerstört, weswegen die Menschen eigentlich in den Schwarzwald gekommen sind und dies – so bleibt zu hoffen – auch in Zukunft noch tun werden. Parkhäuser und Spaßbäder lassen sich überall auf der Welt bauen; die Schwarzwälder Landschaft aber ist einzigartig.

Und die lässt sich auch auf sanftere Art und Weise erleben. Mehr noch als beim alpinen Skisport hat der Schwarzwald im Bereich der nordischen Wintersportvariante zu bieten. Skilanglauf ist – entsprechende Schneeverhältnisse vorausgesetzt – auf bestens präparierten Loipen an vielen attraktiven Stellen möglich. Nordic Walking ist eine durchaus sinnvolle Weiterentwicklung für alle Jahreszeiten. Der Schwarzwald bietet für diesen Trendsport beste Voraussetzungen.

Wer nun glaubt, nur noch Wanderer mit Stöcken wären auf der Höhe der Zeit, irrt allerdings. Gerade in der jüngeren Generation deutet sich eine Renaissance des klassischen Wanderns an, was einer schonenden Tourismusentwicklung im Schwarzwald nur förderlich sein kann. Die Begeisterung für das Rad als gesundes Fortbewegungsmittel ist indes längst hier angekommen. Für Touren- und Rennradler, vor allem aber für Mountainbiker ist der Schwarzwald ein Paradies. Die Fremdenverkehrsexperten haben die guten natürlichen Voraussetzungen an vielen Orten aufgegriffen und zum Beispiel durch die Ausarbeitung spezieller Routen den Ausbau einer Radfahrer freundlichen Infrastruktur weiterentwickelt. Allerdings gilt auch im Mountainbike-Bereich: Weniger ist meist mehr. Die Versuchung, die Natur so zu formen, dass ein vermeintlicher Erlebniswert erhöht wird, hat bereits zu den ersten kritischen Diskussionen geführt.

Man sieht: Jede Herausforderung muss individuell angegangen werden. Die Geschichte des Schwarzwaldes zeigt sehr wohl, dass der Mensch in der Lage ist, aus Fehlern zu lernen. Das sieht man nicht zuletzt am Umgang mit dem Wald. Die Schwarzwälder Forstexperten, gelten als die am höchsten qualifizierten weltweit. Waldfachleute aus aller Herren Länder kommen hierher, um sich über eine nachhaltige Forstwirtschaft zu informieren. Der Modebegriff „Nachhaltigkeit" hat in diesem Bereich seinen Ursprung. Er bedeutet: Man soll der Natur nicht mehr wegnehmen als sie nachproduzieren kann. In diesem und auch im weiter gefassten Sinne könnte der Schwarzwald so zu einem Modell dafür werden, wie sich auch in modernen Gesellschaften ein verträgliches Miteinander von Mensch und Natur gestalten lässt. Die Chancen dafür stehen, trotz aller Probleme, nicht schlecht.

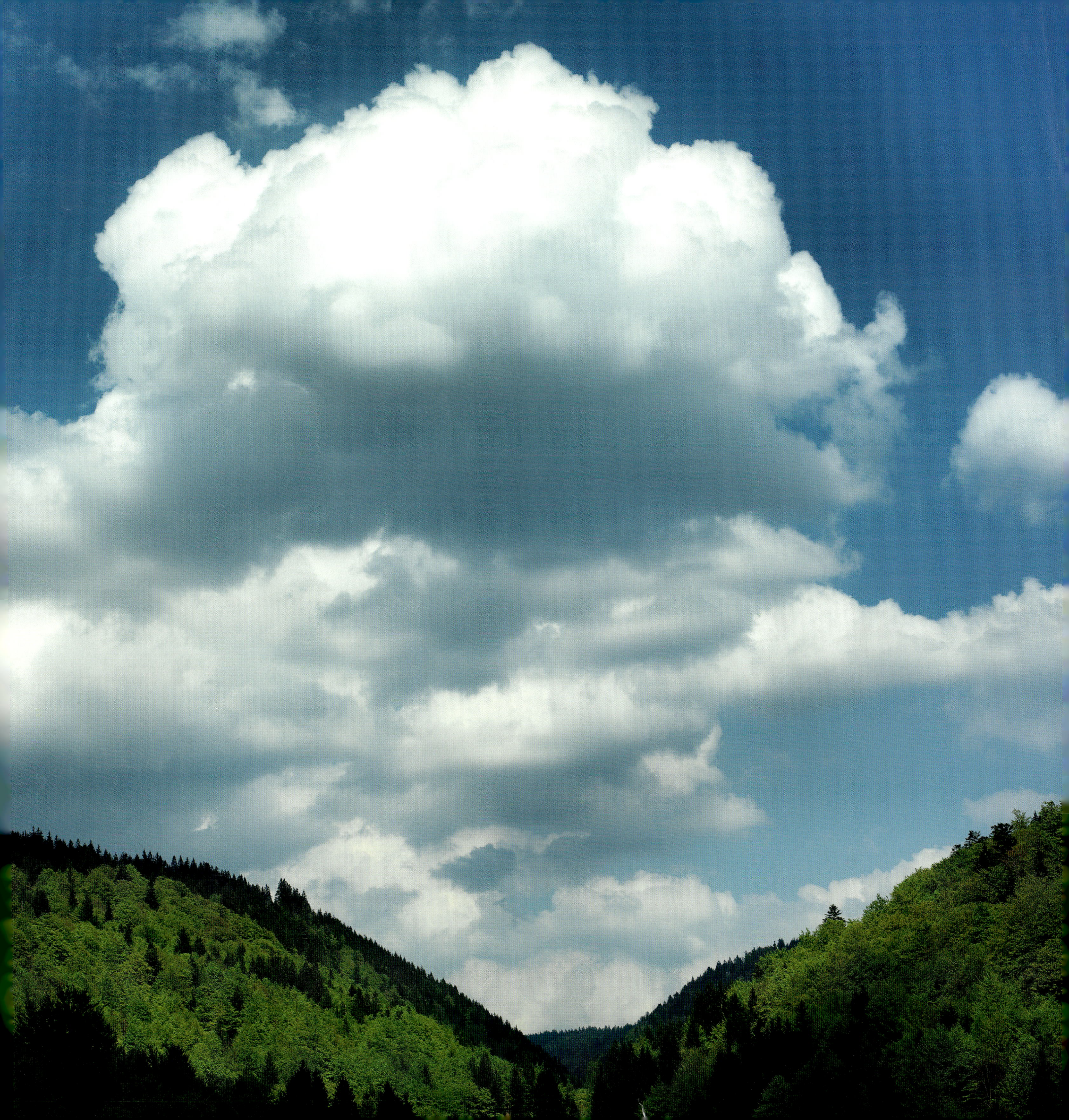

Beim Spirzen
Near Spirzen

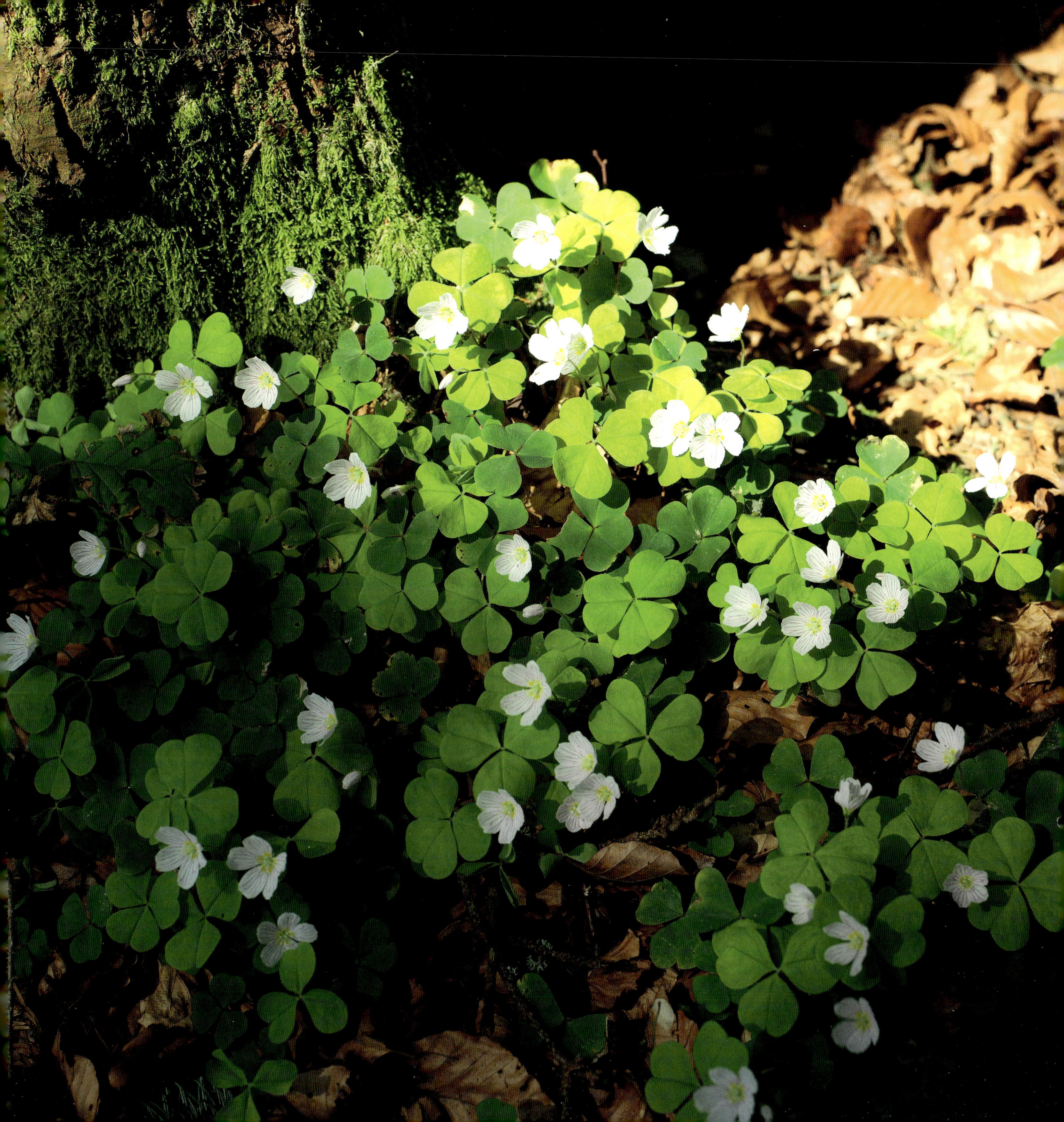

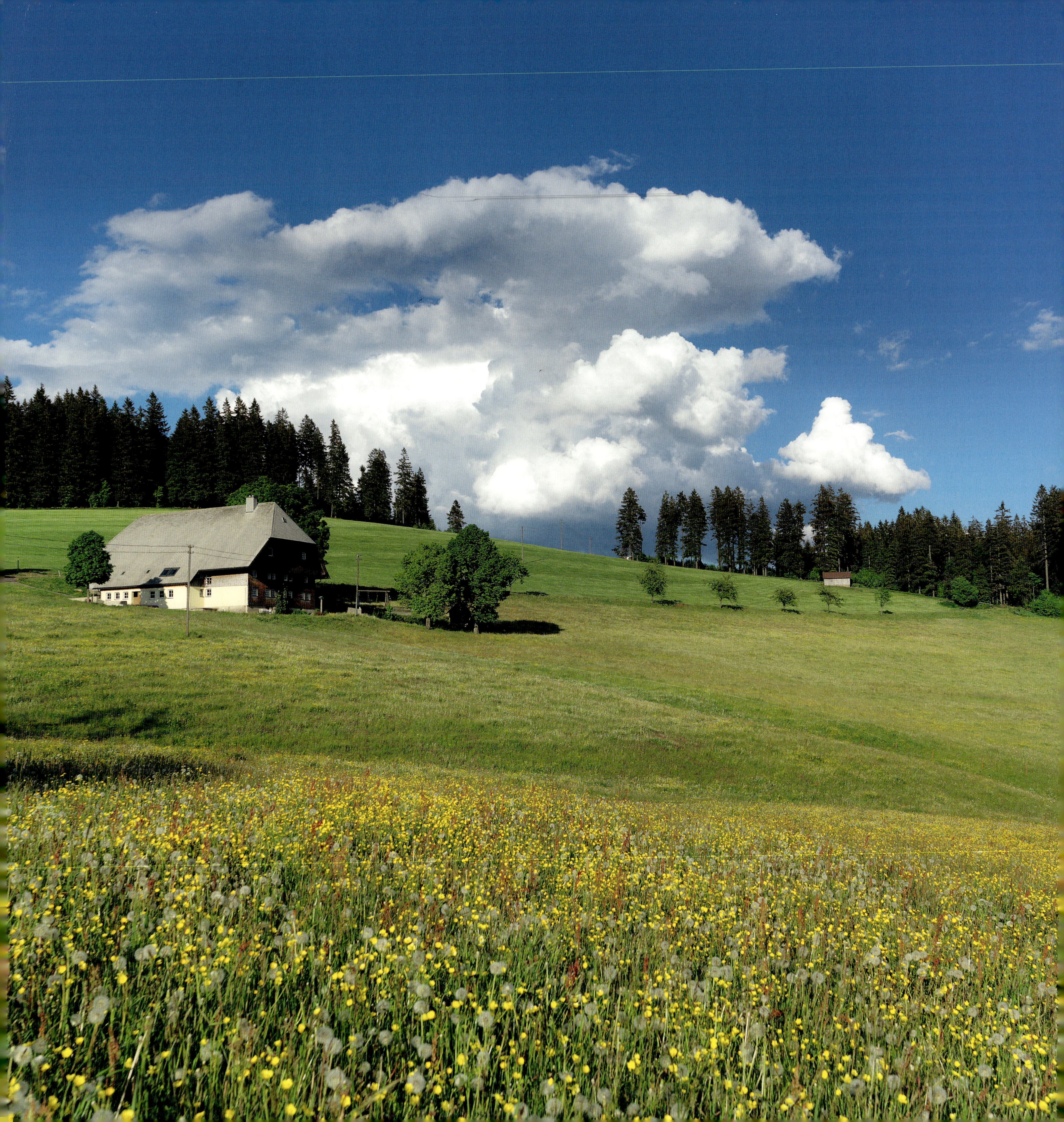

Einsiedel zwischen Thurner und Jostal
Einsiedel, between Thurner and Jostal

Zwischen Breitnau und St. Märgen
Between Breitnau and St. Märgen

Rechte Seite: Bei Oberschwärzenbach, Titisee-Neustadt
Right page: Near Oberschwärzenbach, Titisee-Neustadt

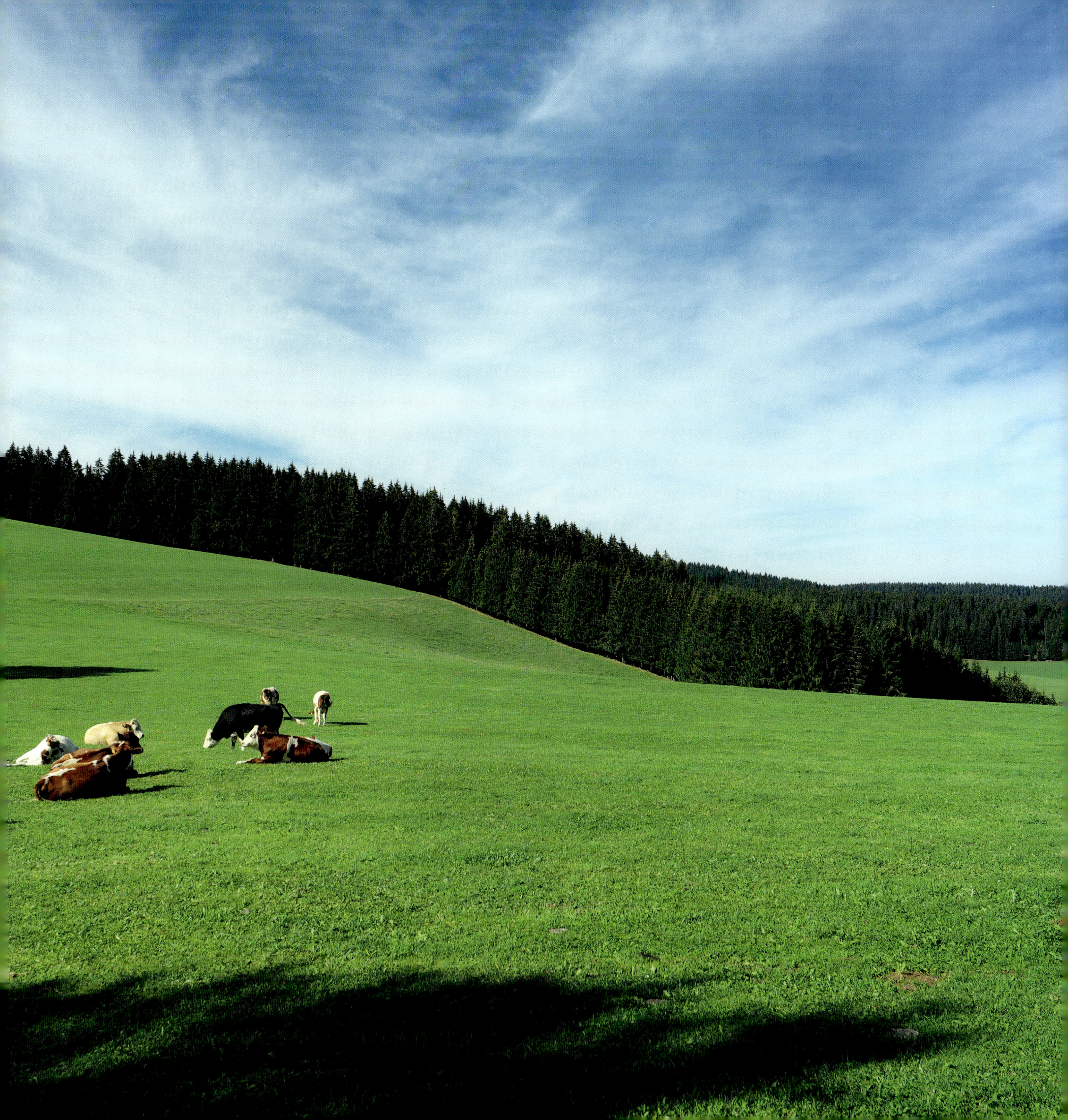

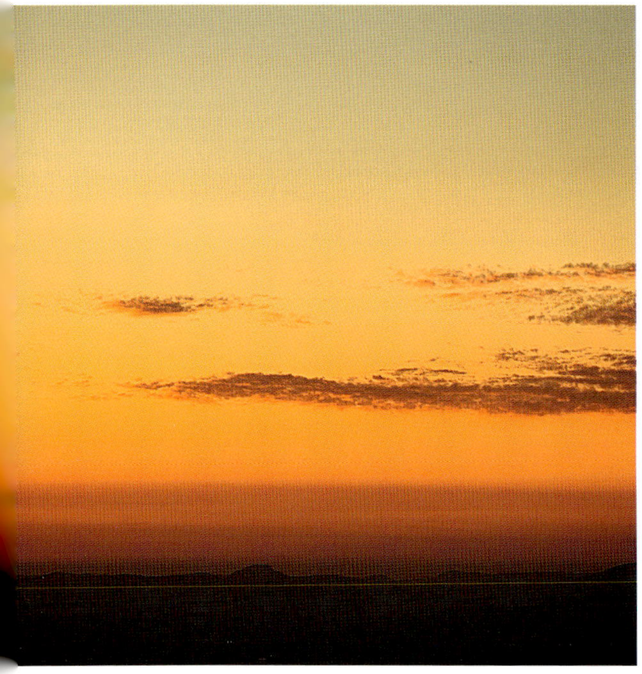

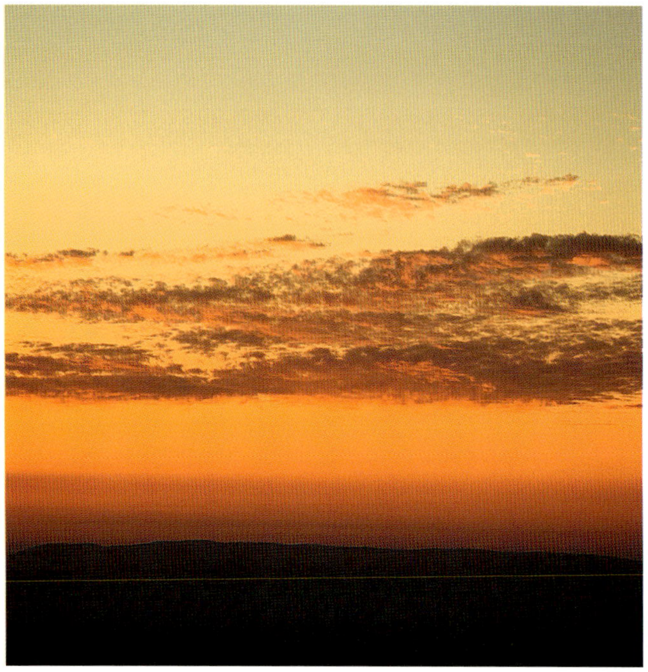

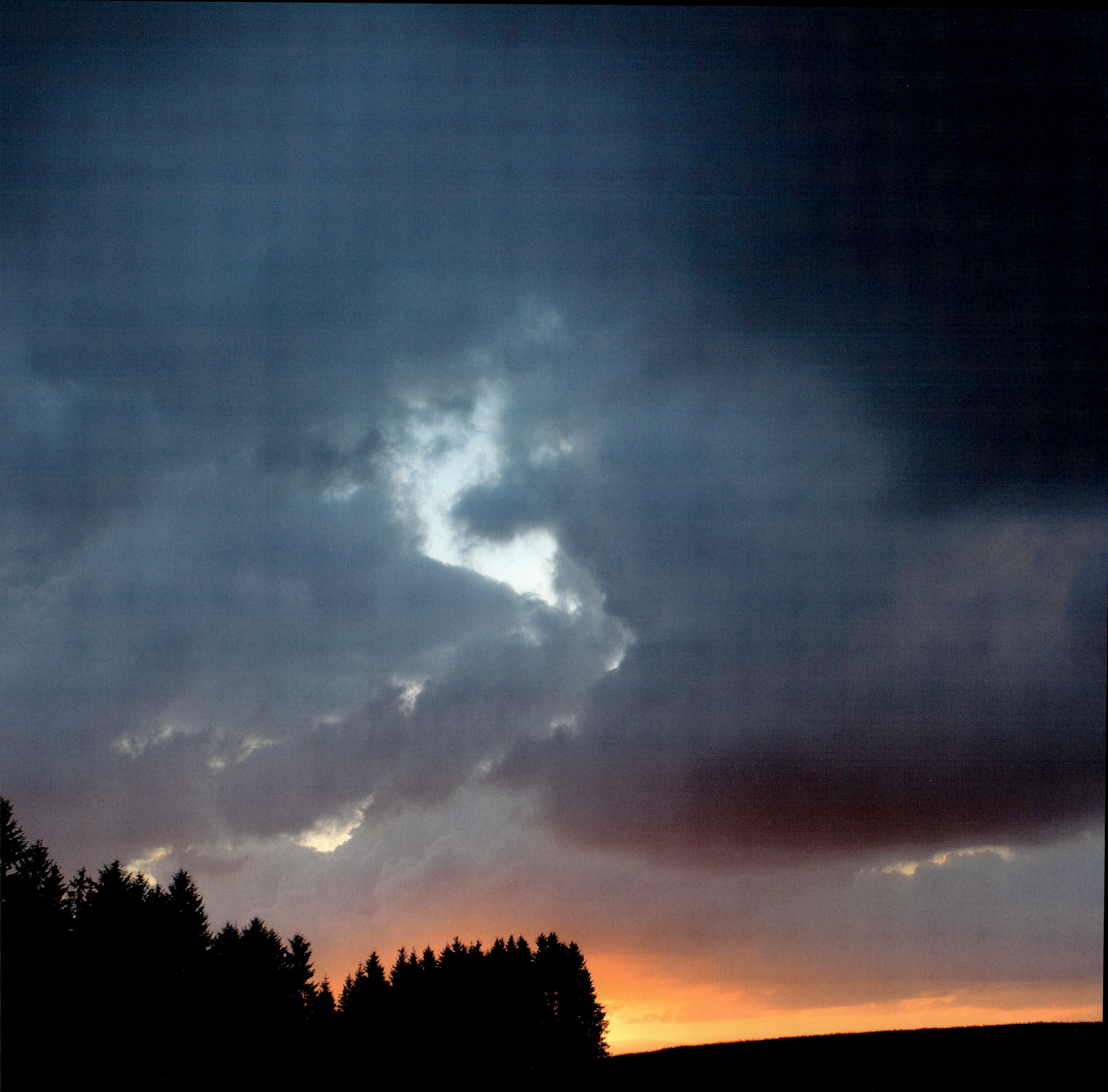

Aha am Schluchsee
Aha, on the reservoir lake Schluchsee

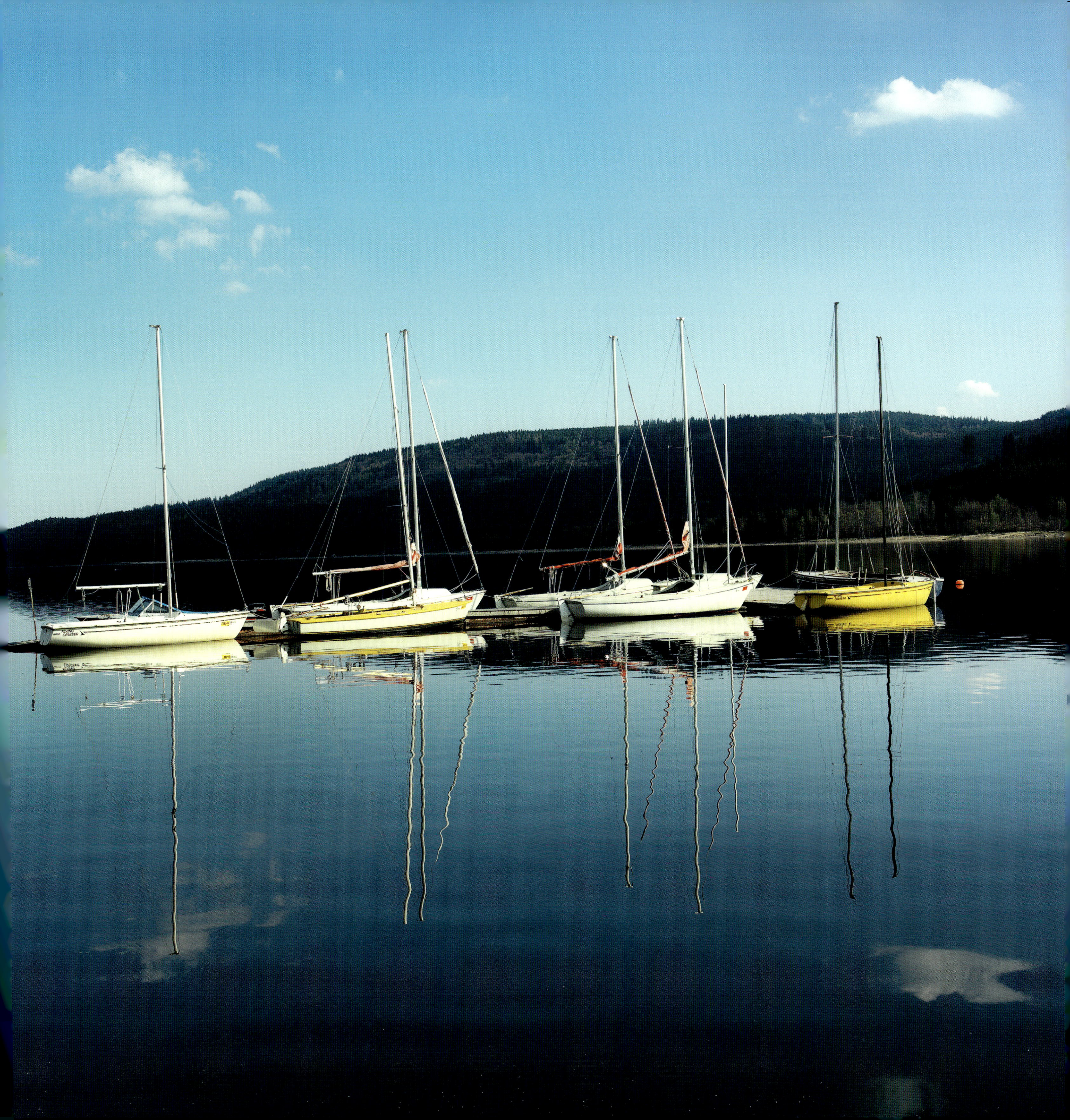

Die Sonnhalde zwischen Schauinsland und Staufen
Sonnhalde, between Schauinsland and Staufen

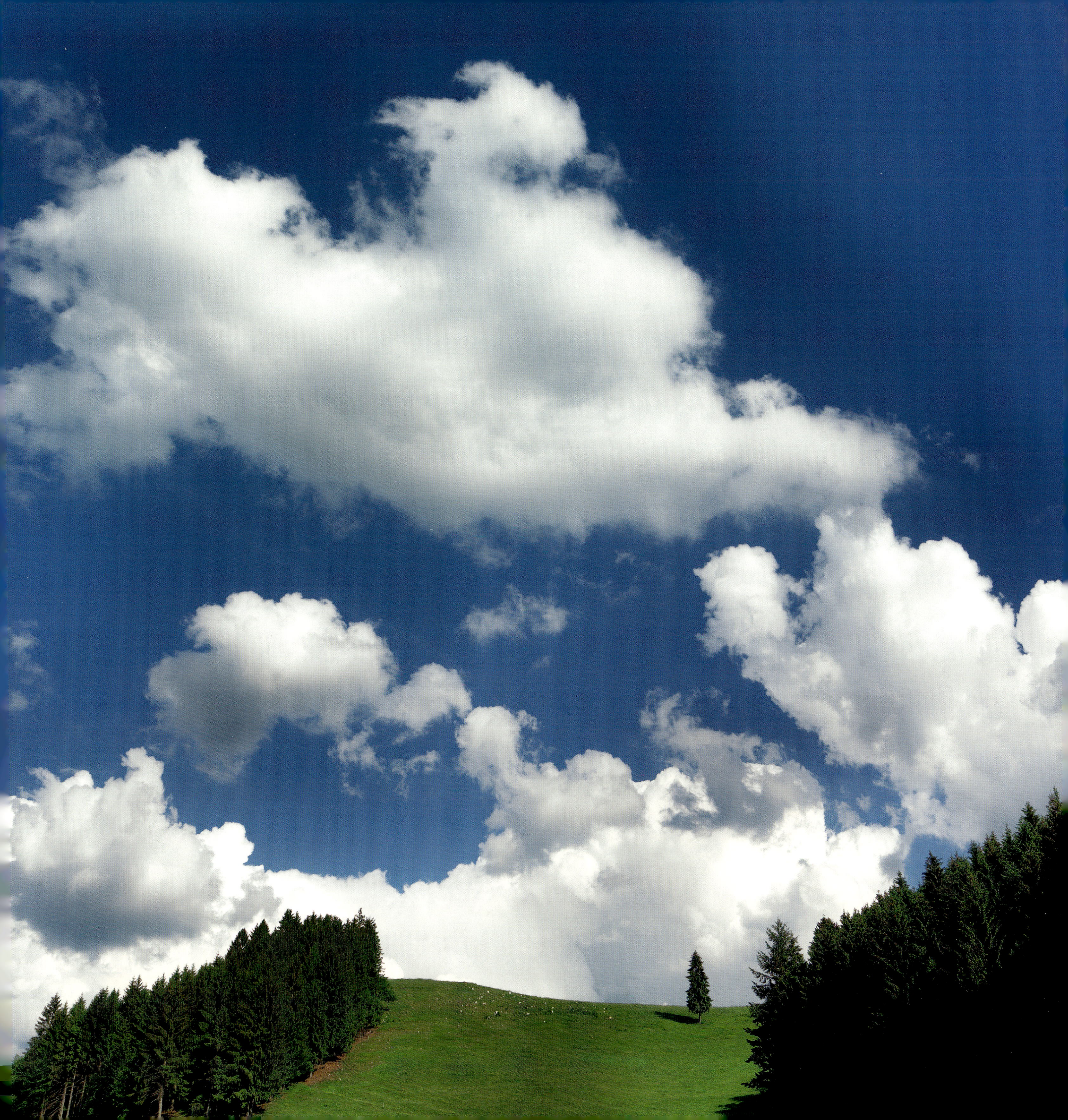

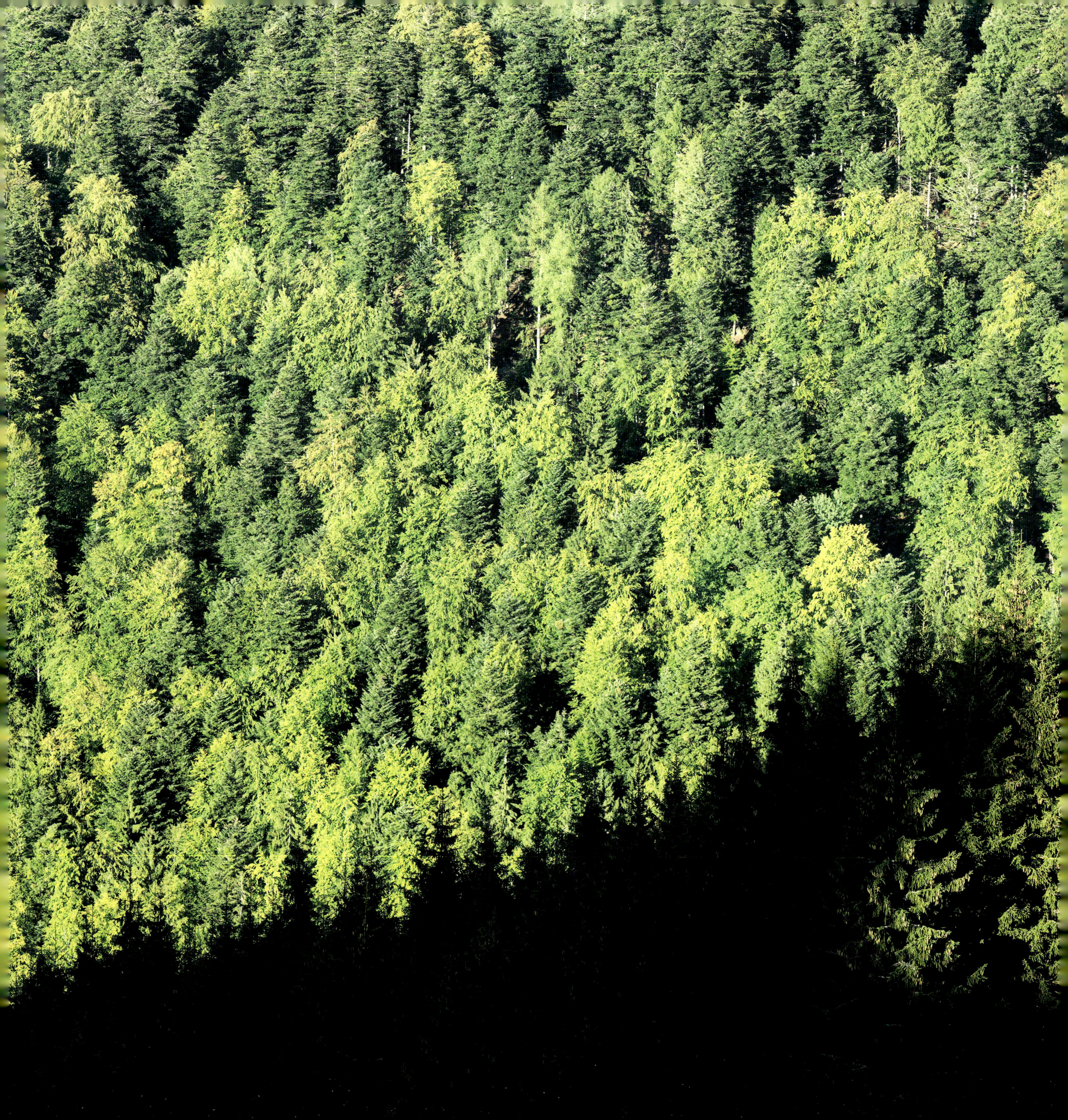

Fahl im Schatten des Feldberges
Fahl, at the foot of Feldberg

Unten: Bei Breitnau
Below: Near Breitnau

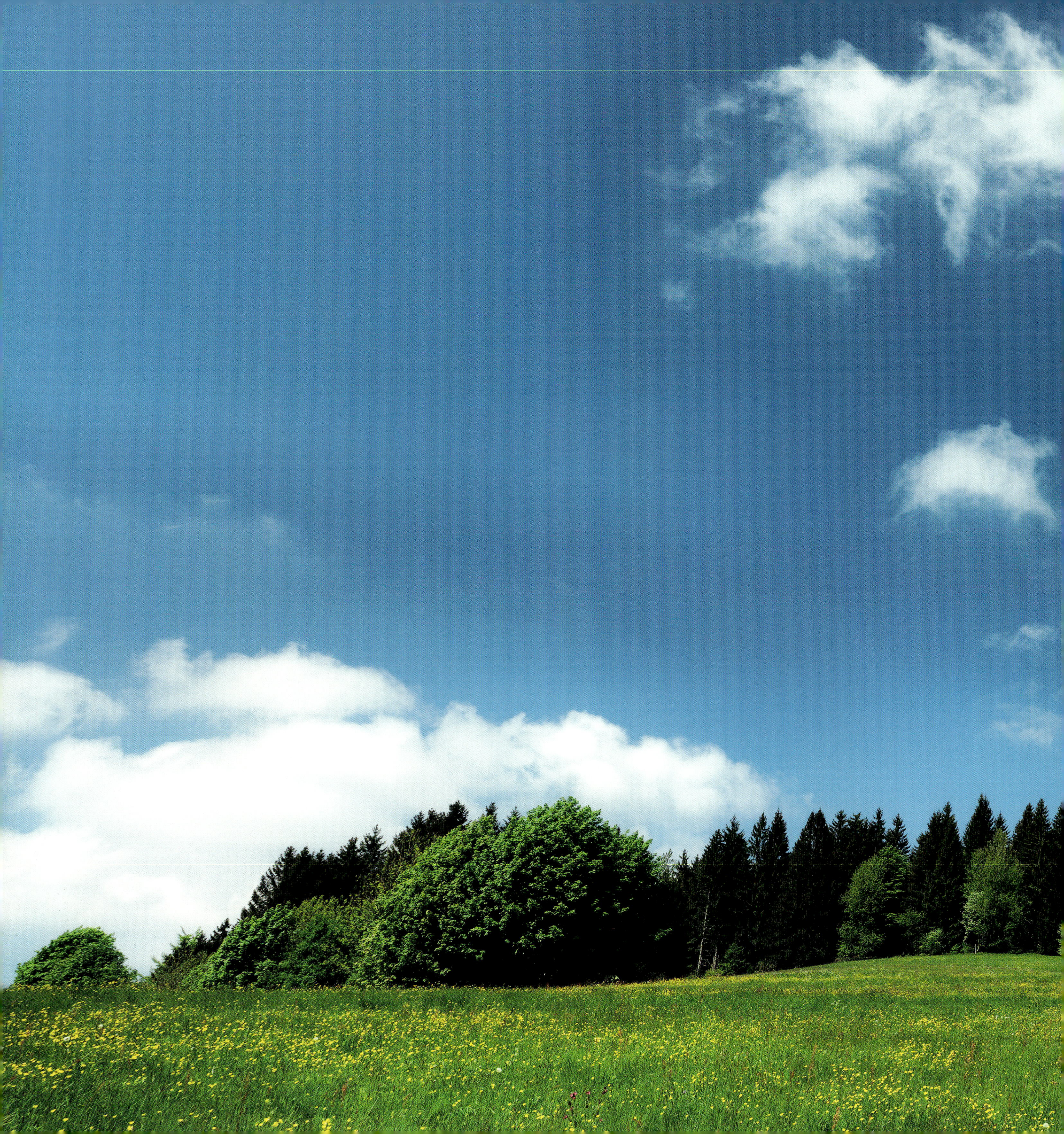

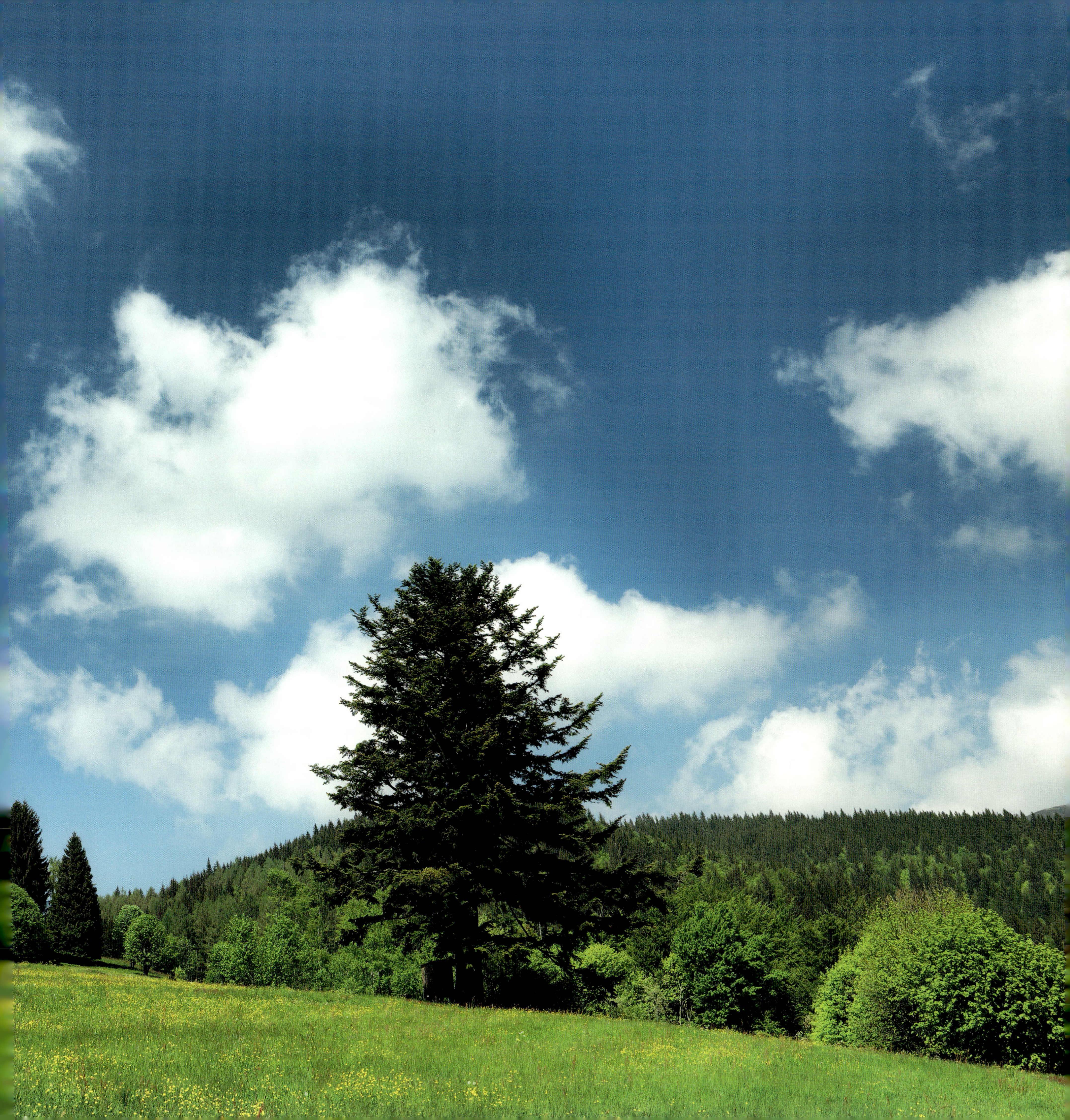

Im Wiesental
In Wiesental

Rechte Seite: Der Haldenhof zwischen Neuenweg und Badenweiler
Right page: Haldenhof, between Neuenweg and Badenweiler

Seite 60/61: Südlich des Belchen bei Oberböllen
Page 60/61: South of Belchen, near Oberböllen

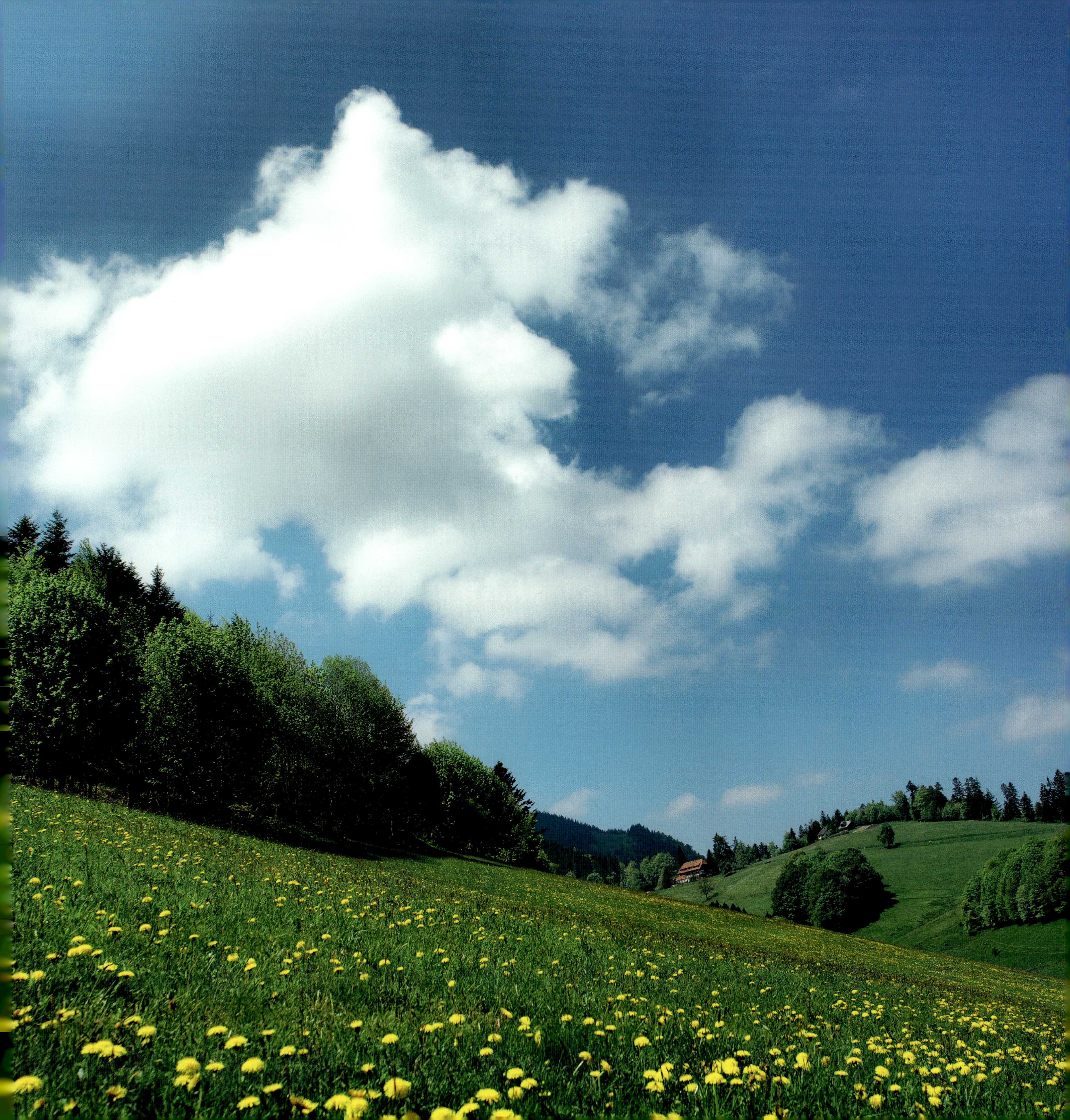

Seite 64 bis 69: In der Wutachschlucht
Pages 64 to 69: In the Wutach Gorge

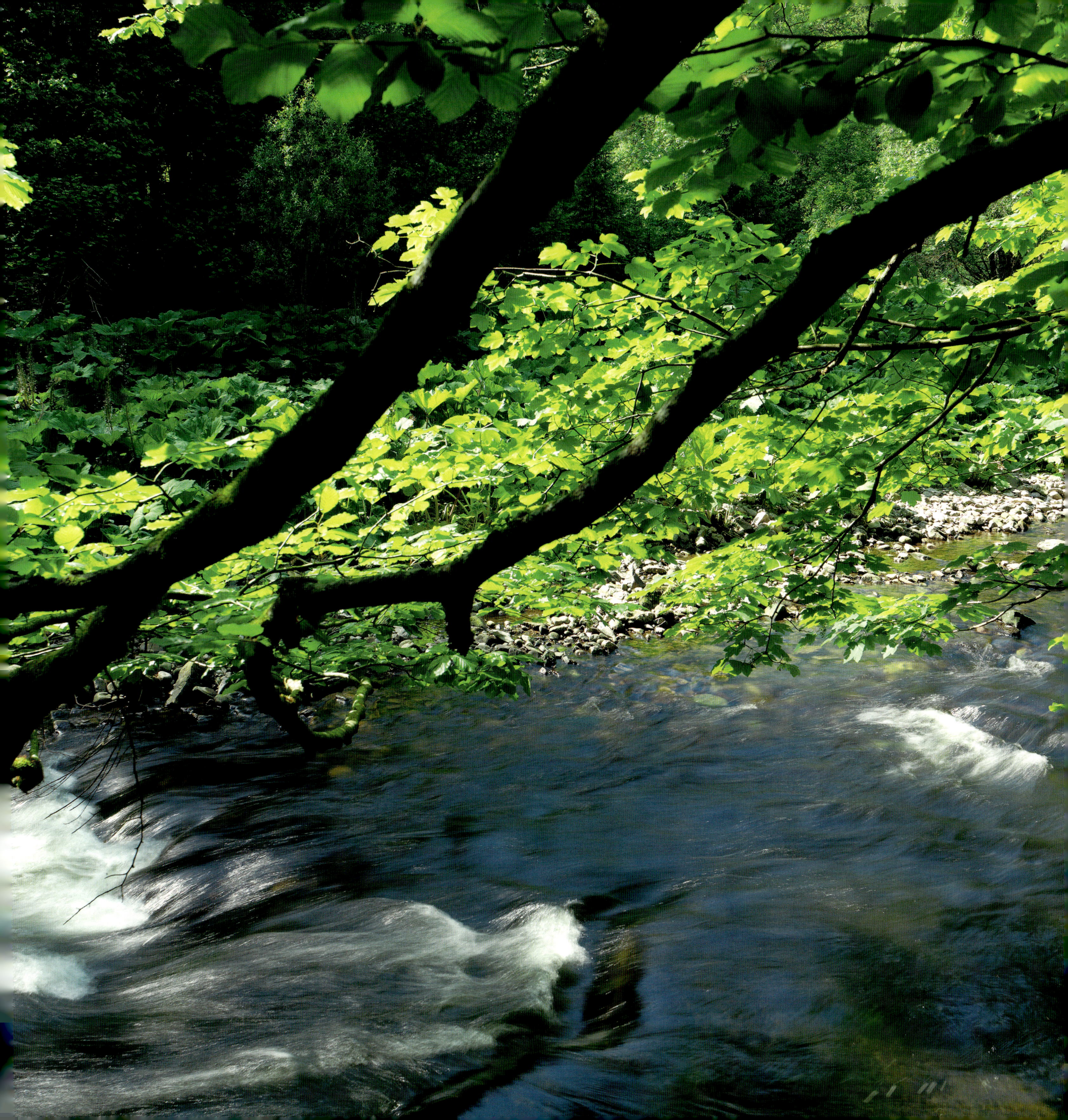

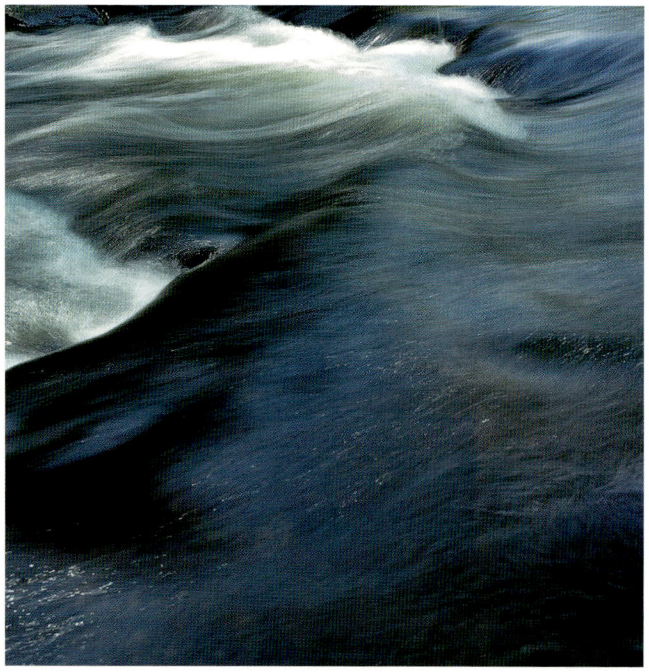
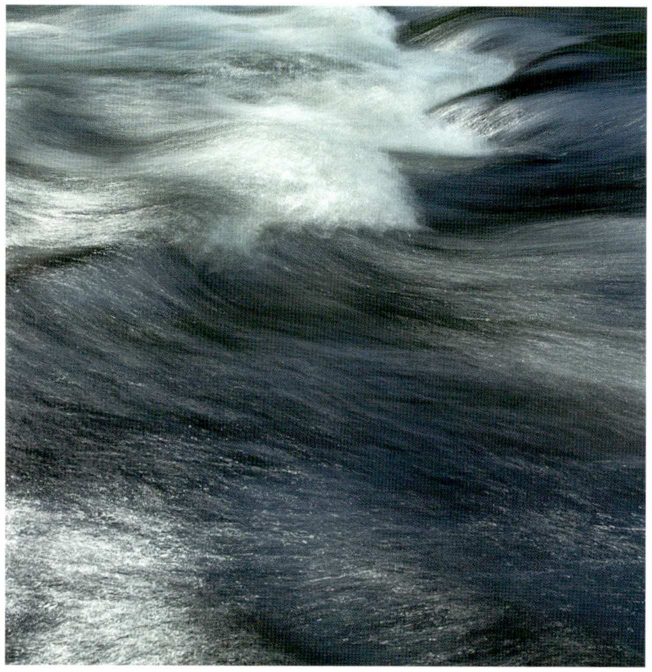
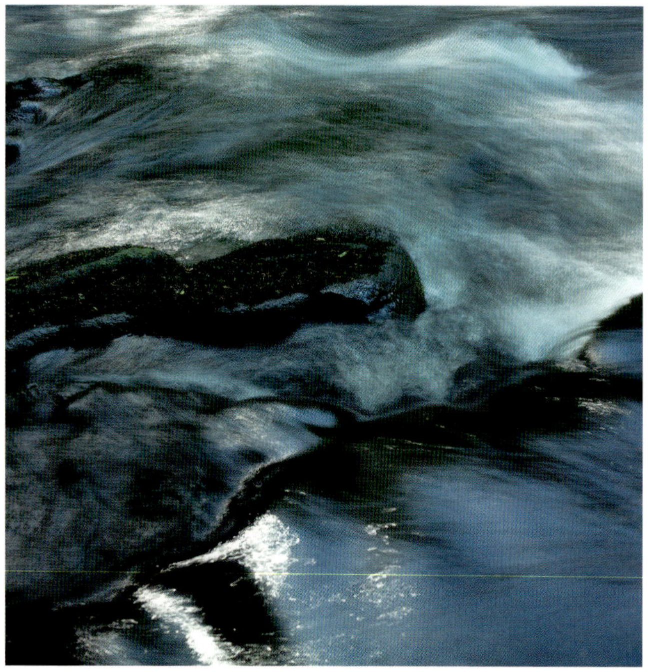
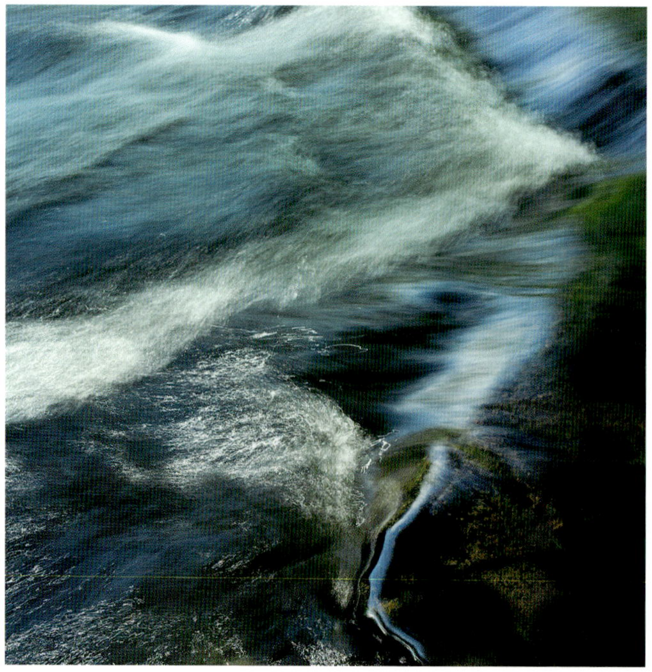

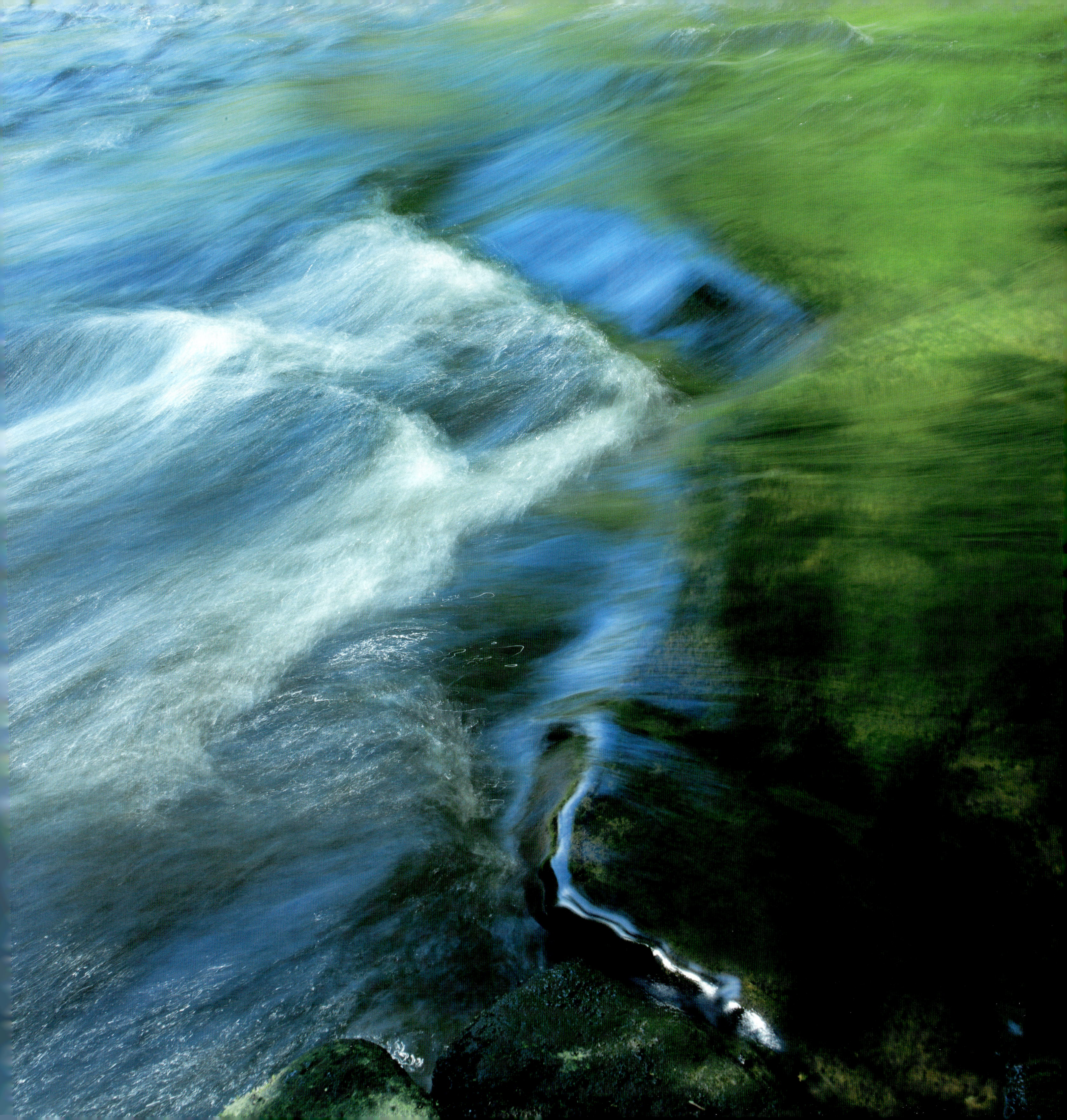

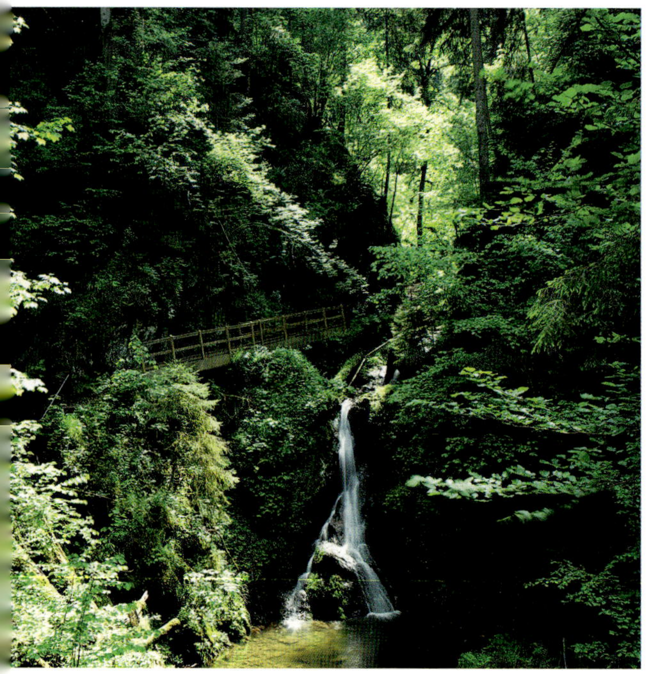
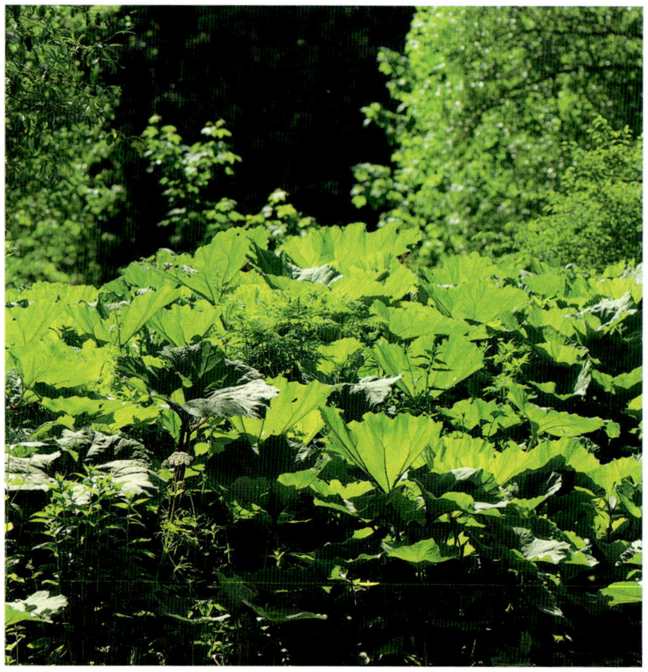
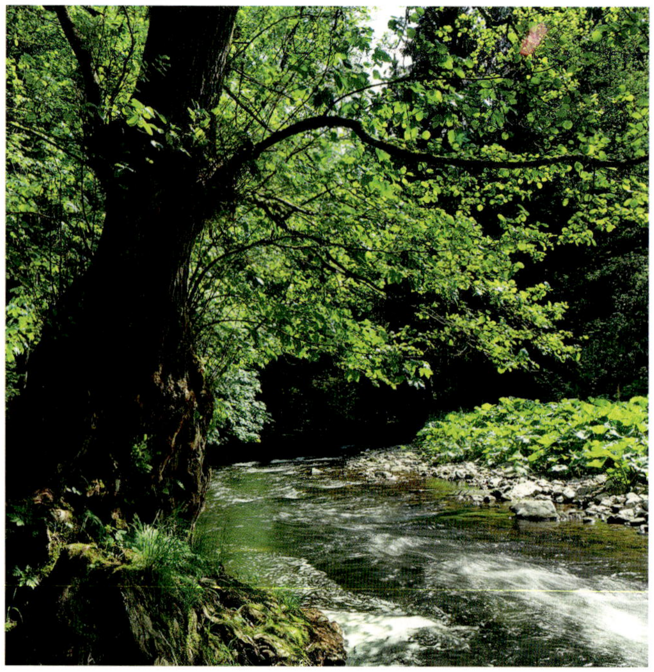

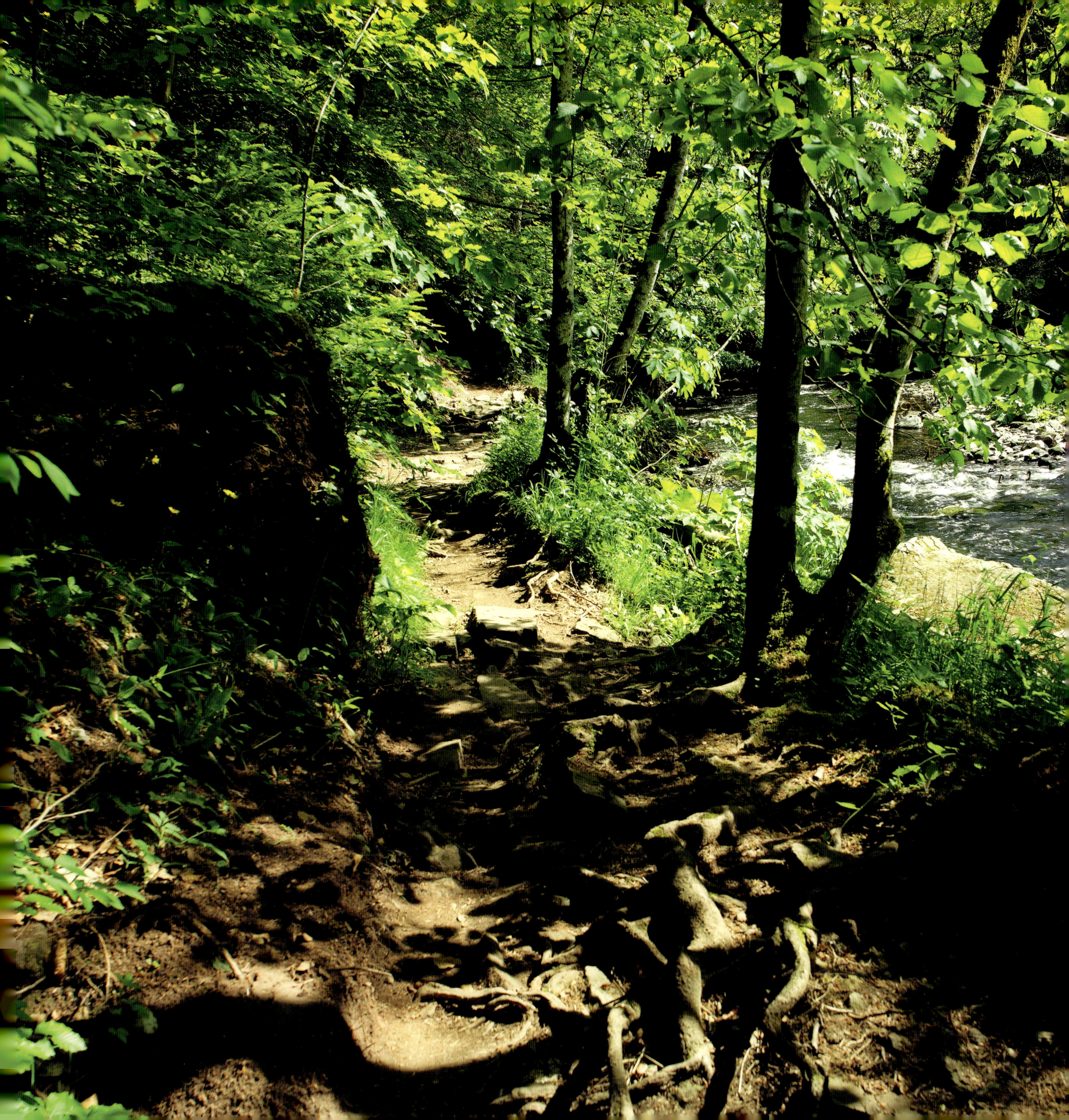

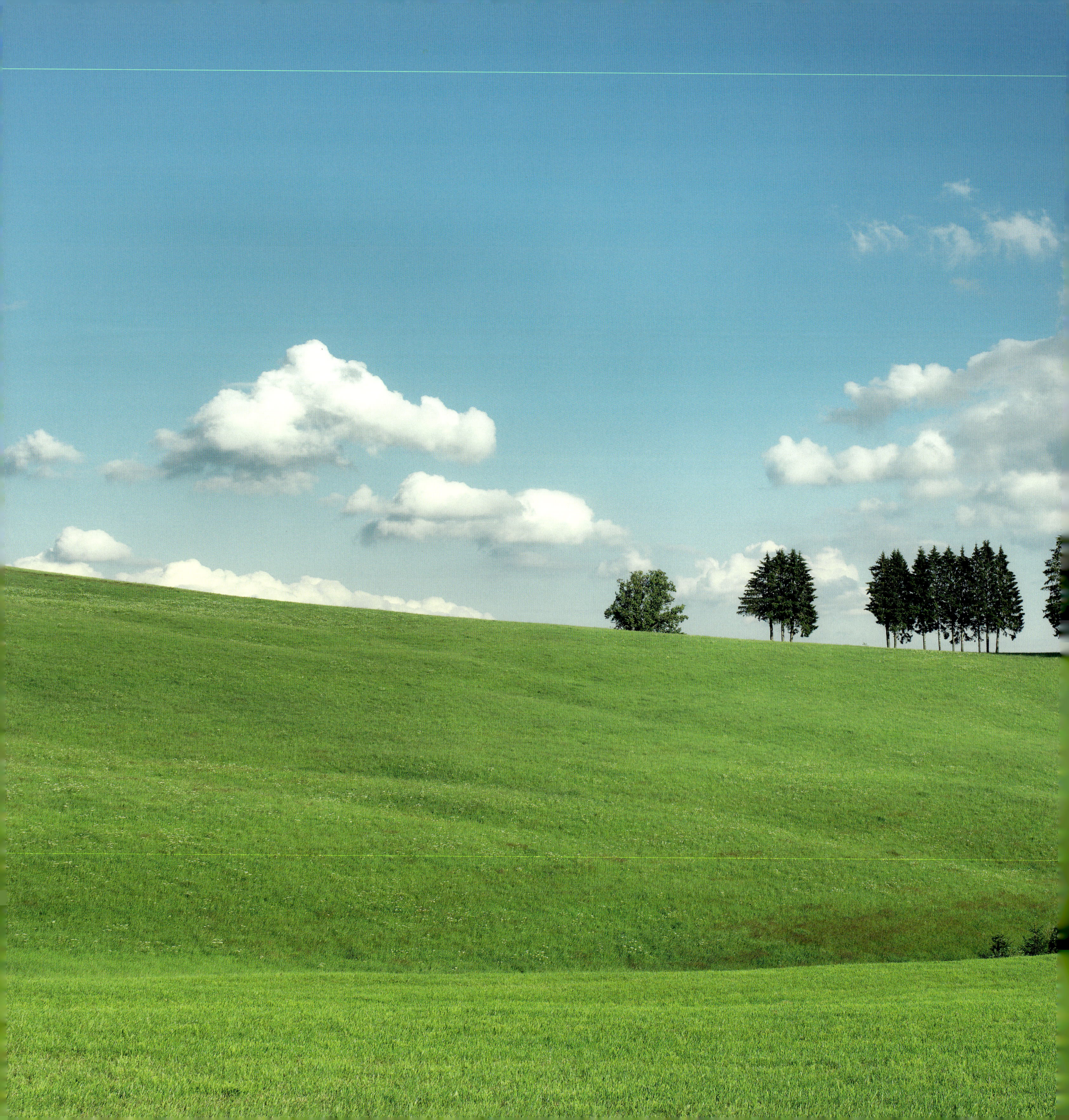

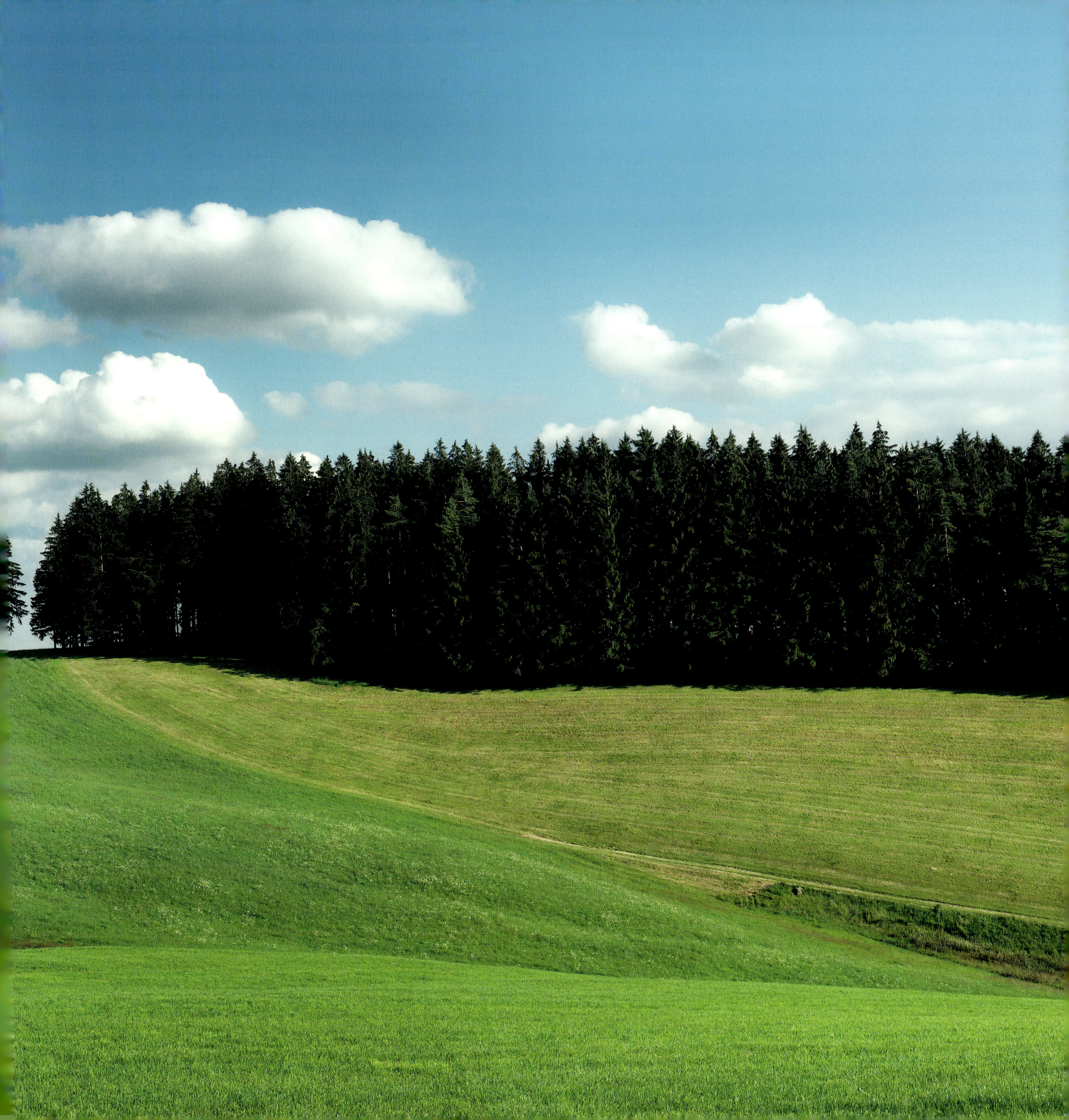

Der Klosterweiher bei St. Blasien
Klosterweiher, near St. Blasien

Seite 70/71: Willmendobel bei St. Peter
Page 70/71: Willmendobel, near St. Peter

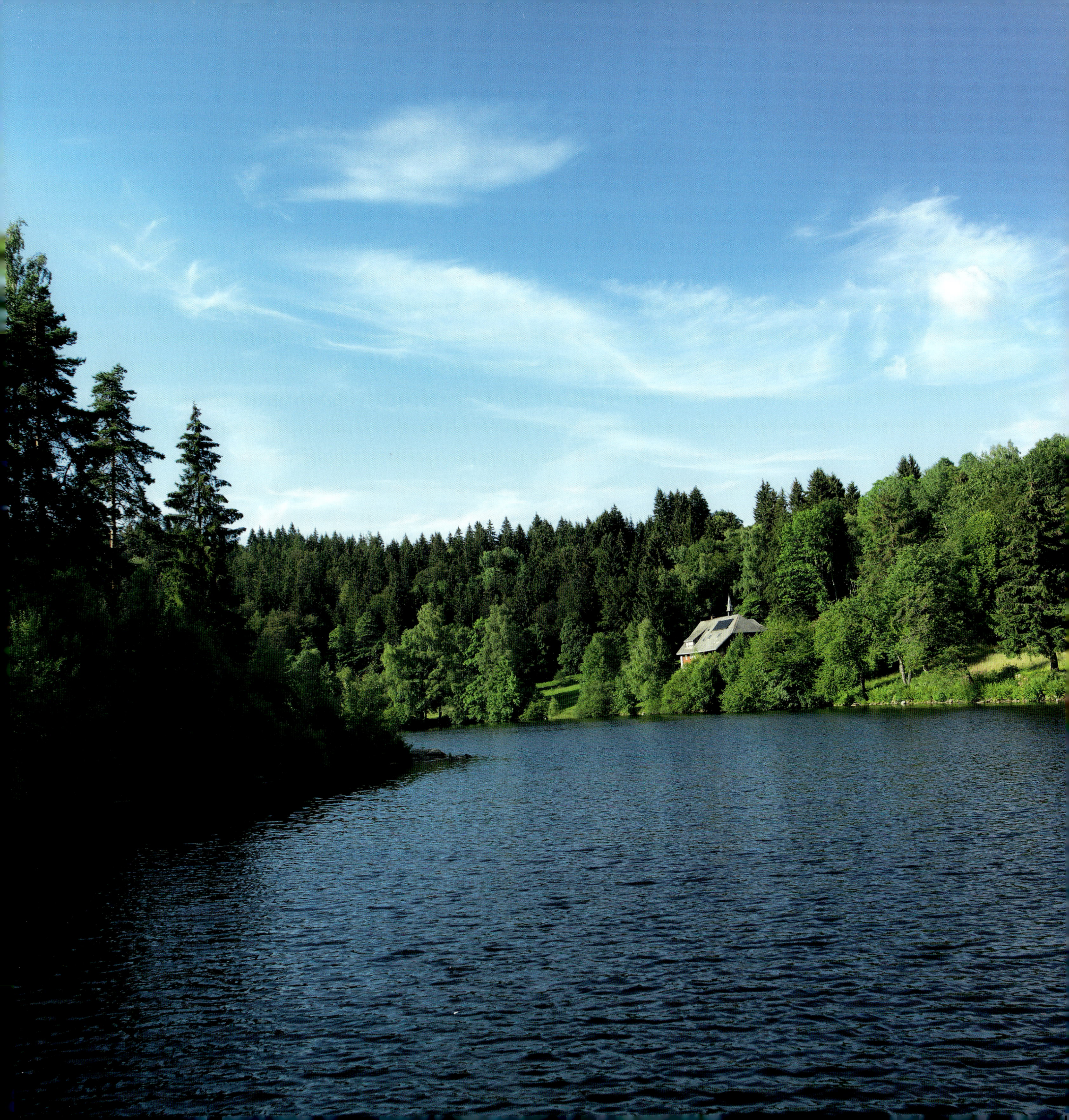

Blick vom Kandel Richtung Feldberg
View of Feldberg from Kandel

Rechte Seite: Bauernhof in St. Peter-Rohr
Right page: Farm in St. Peter-Rohr

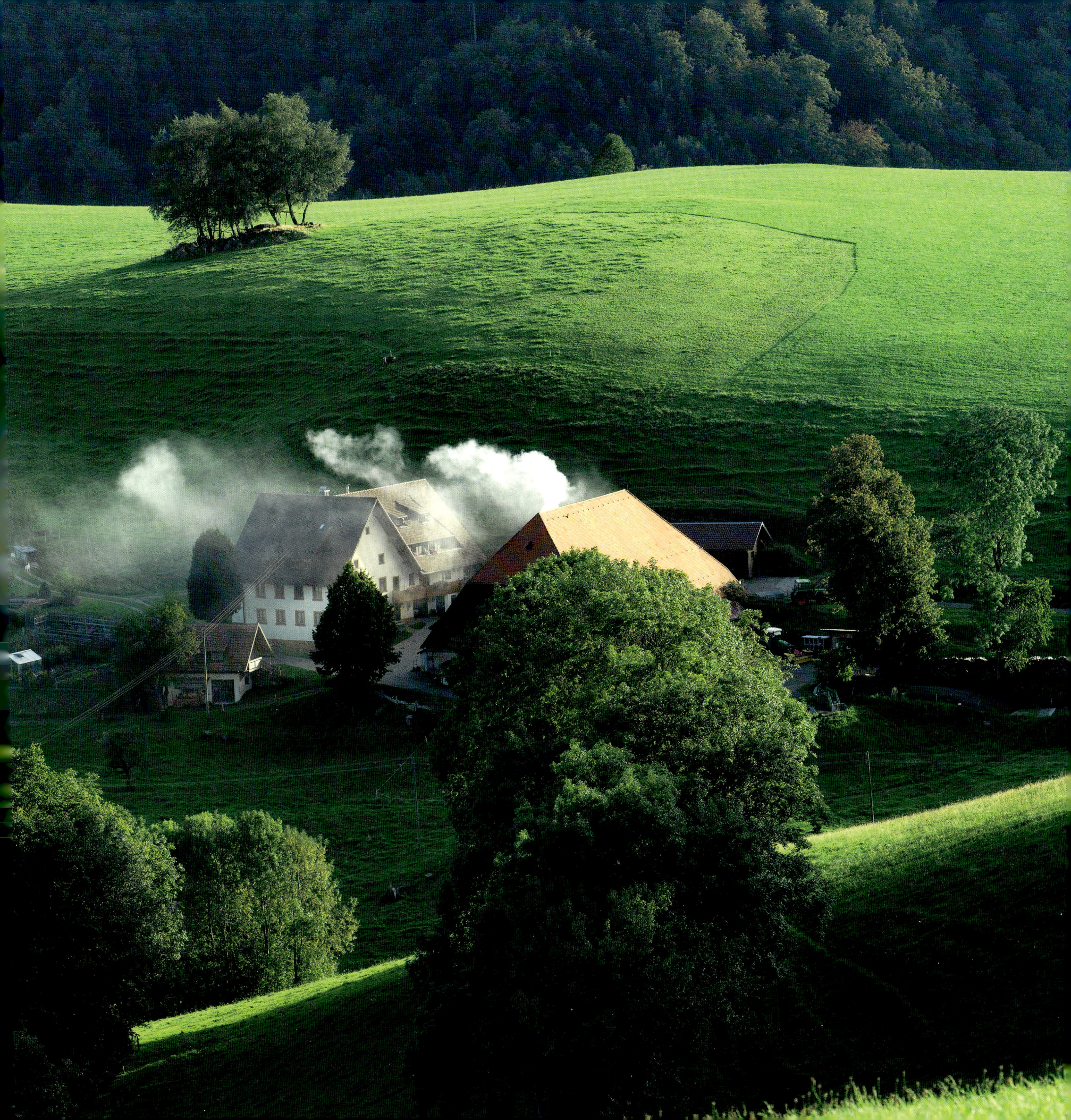

Sommergewitter über dem Wagensteigtal
A summer storm over Wagensteigtal

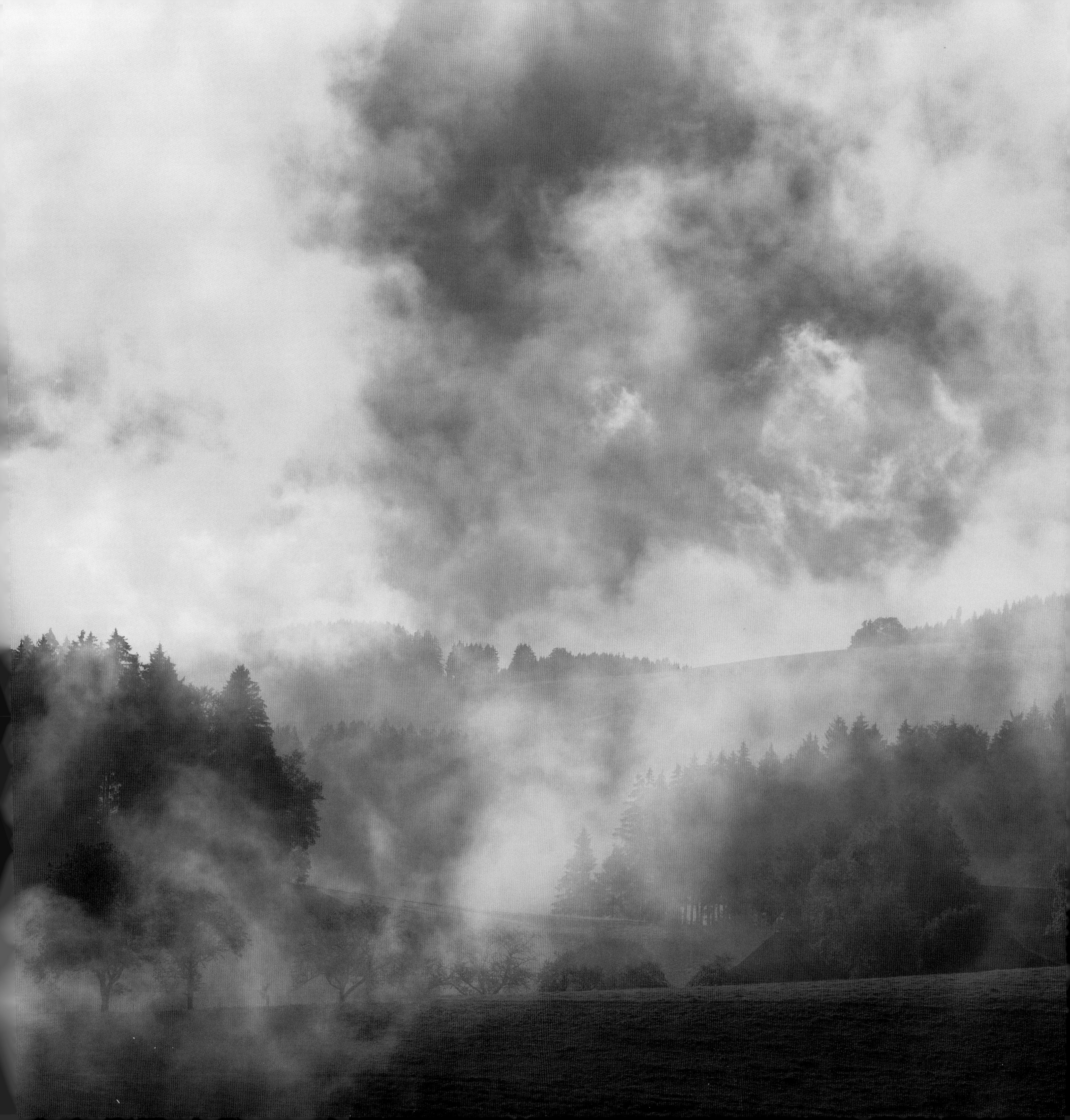

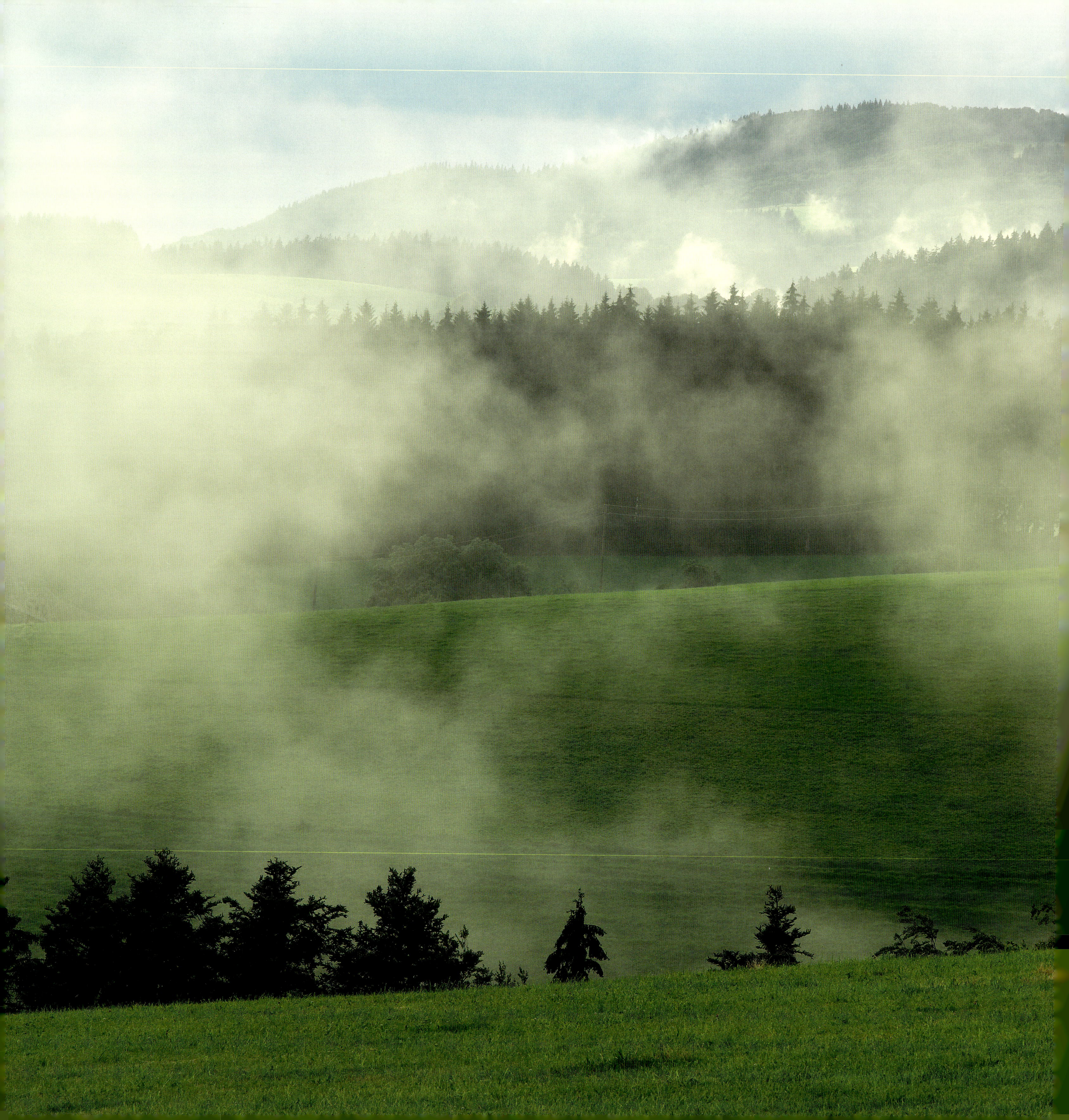

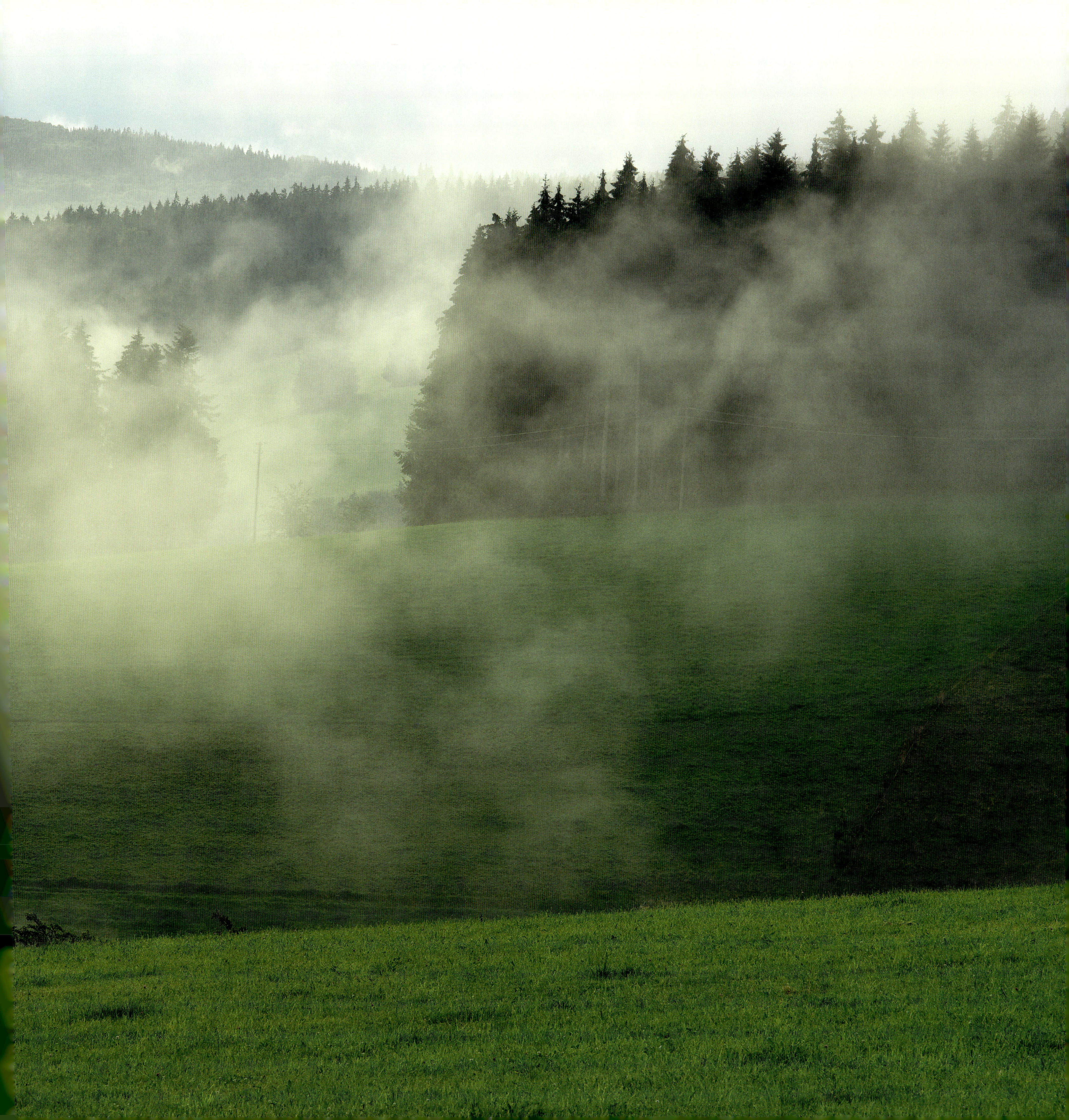

Am Feldsee
On the shores of Feldsee

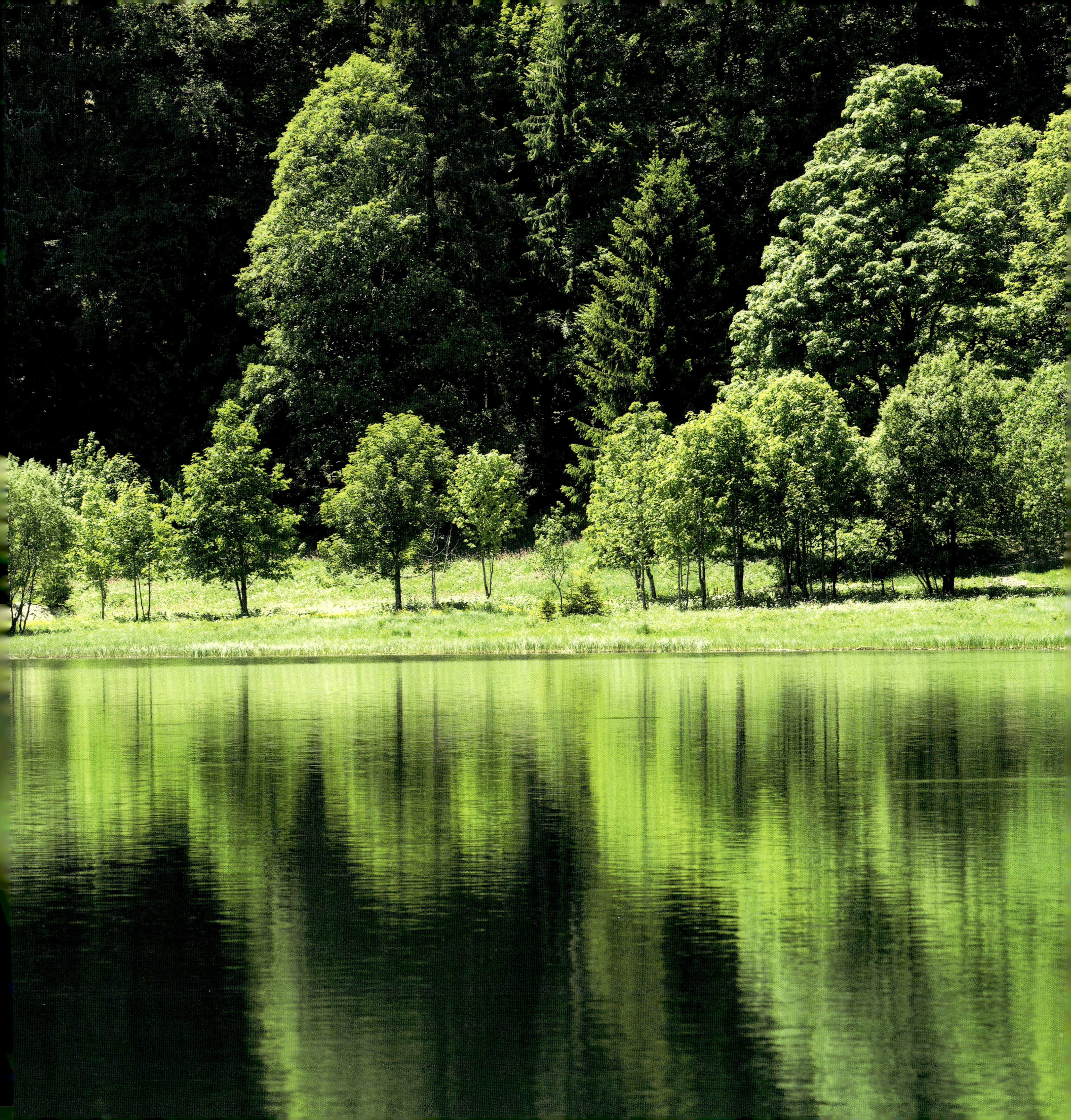

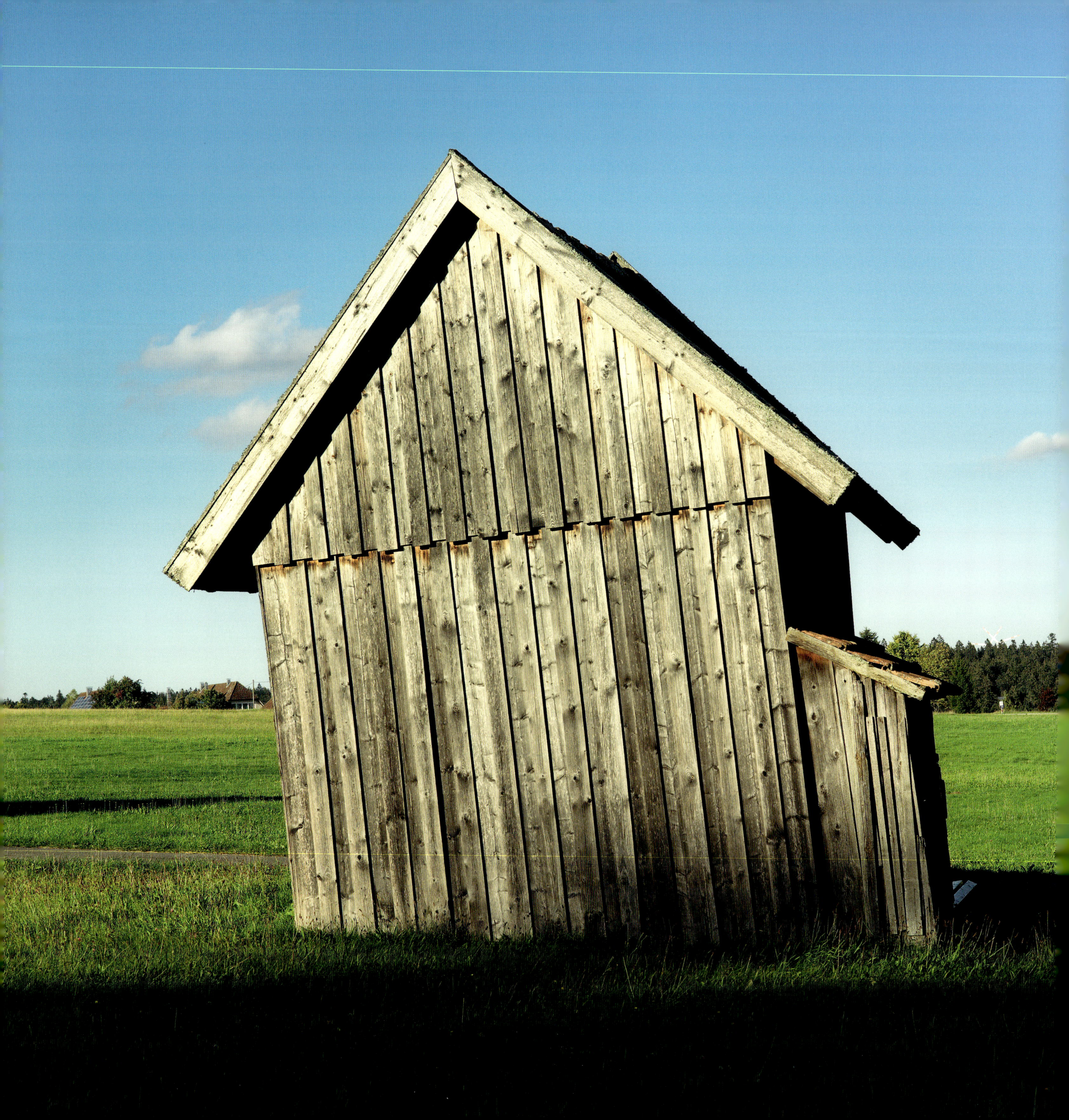

Scheunenarchitektur in Besenfeld bei Baiersbronn
Barn architecture in Besenfeld near Baiersbronn

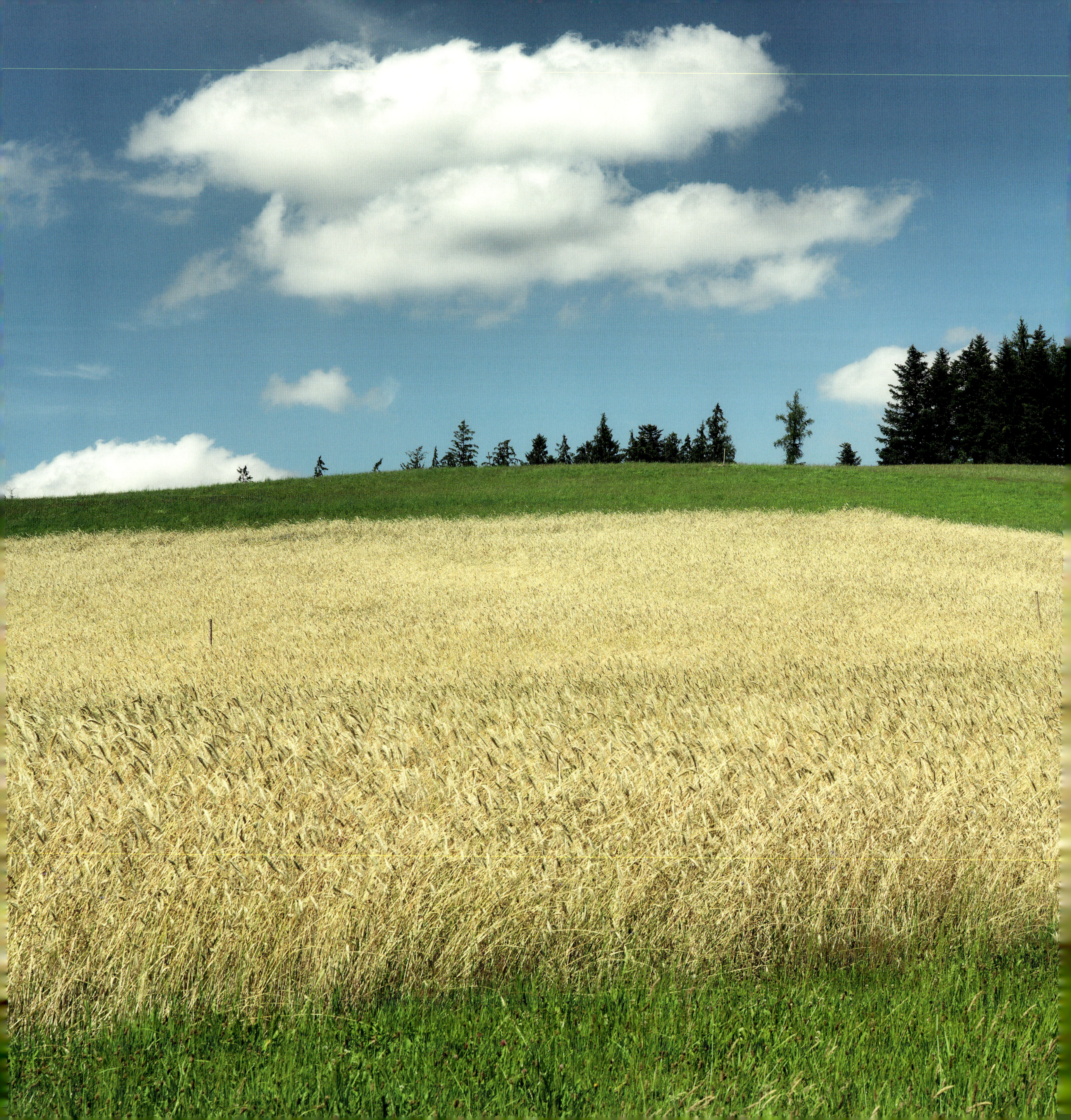

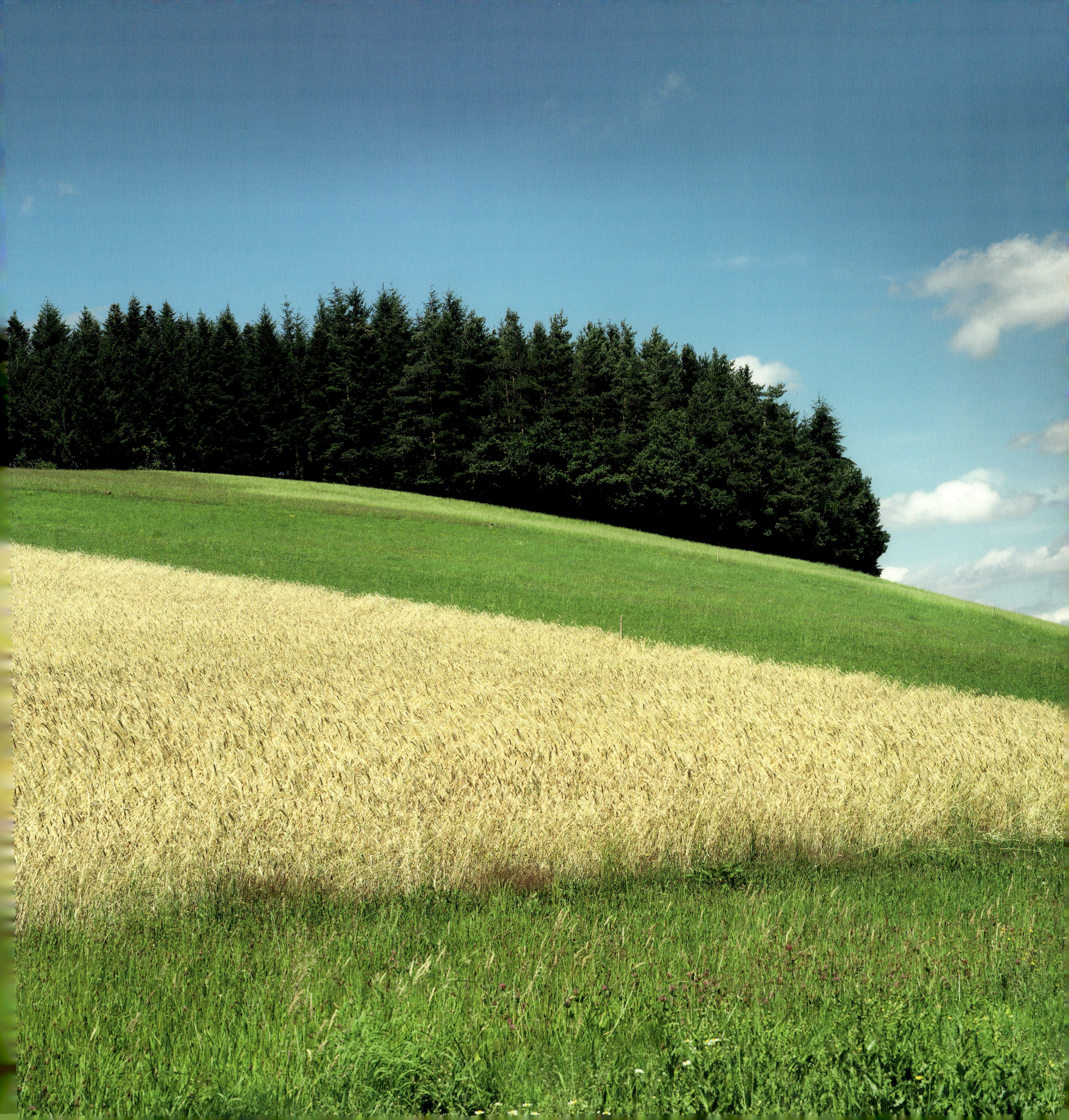

Hochmoor am Kniebis
Raised bog on Kniebis

Seite 84/85: Flachenberg bei Mühlenbach im Kinzigtal
Page 84/85: Flachenberg, near Mühlenbach in Kinzigtal

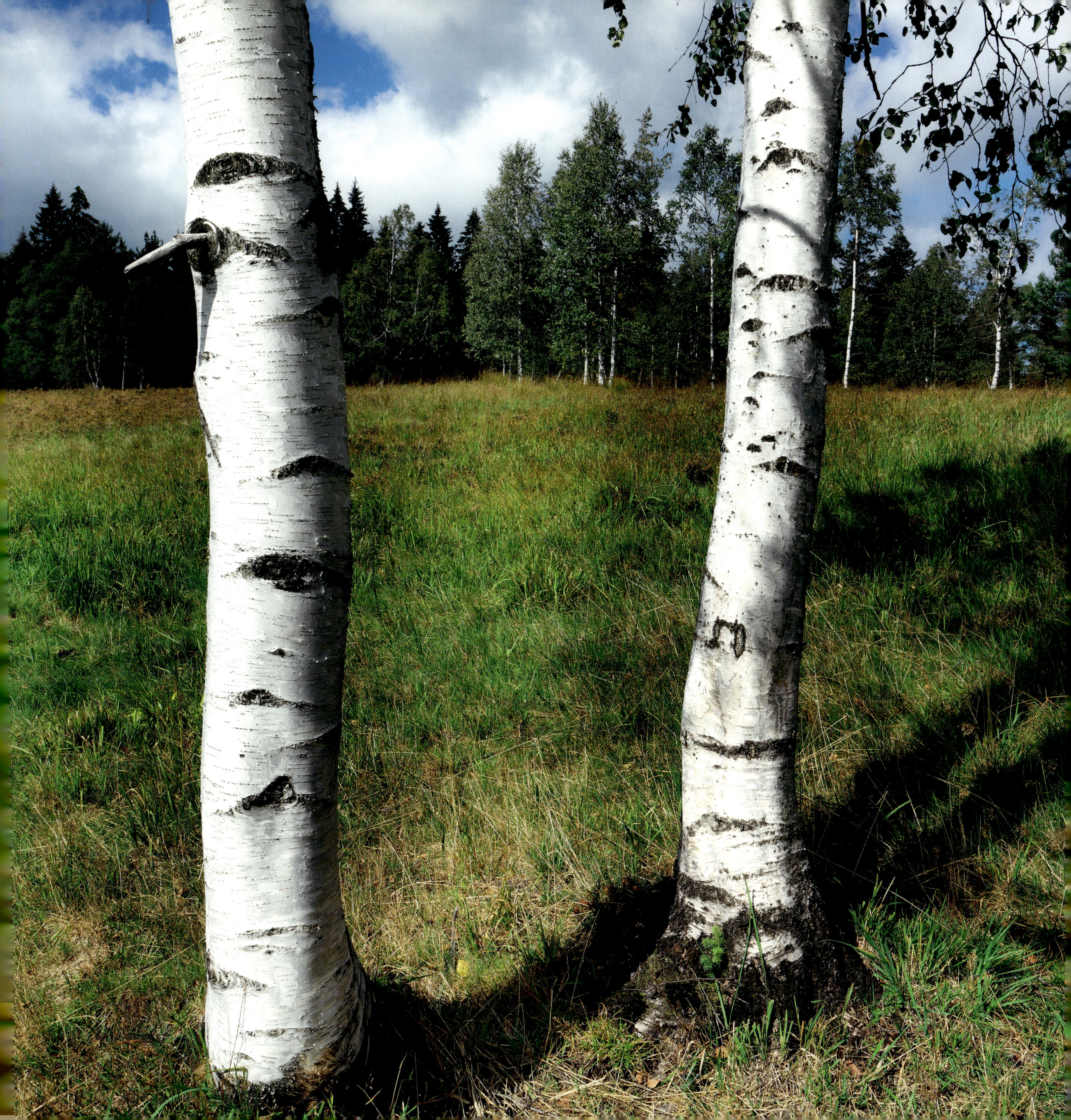

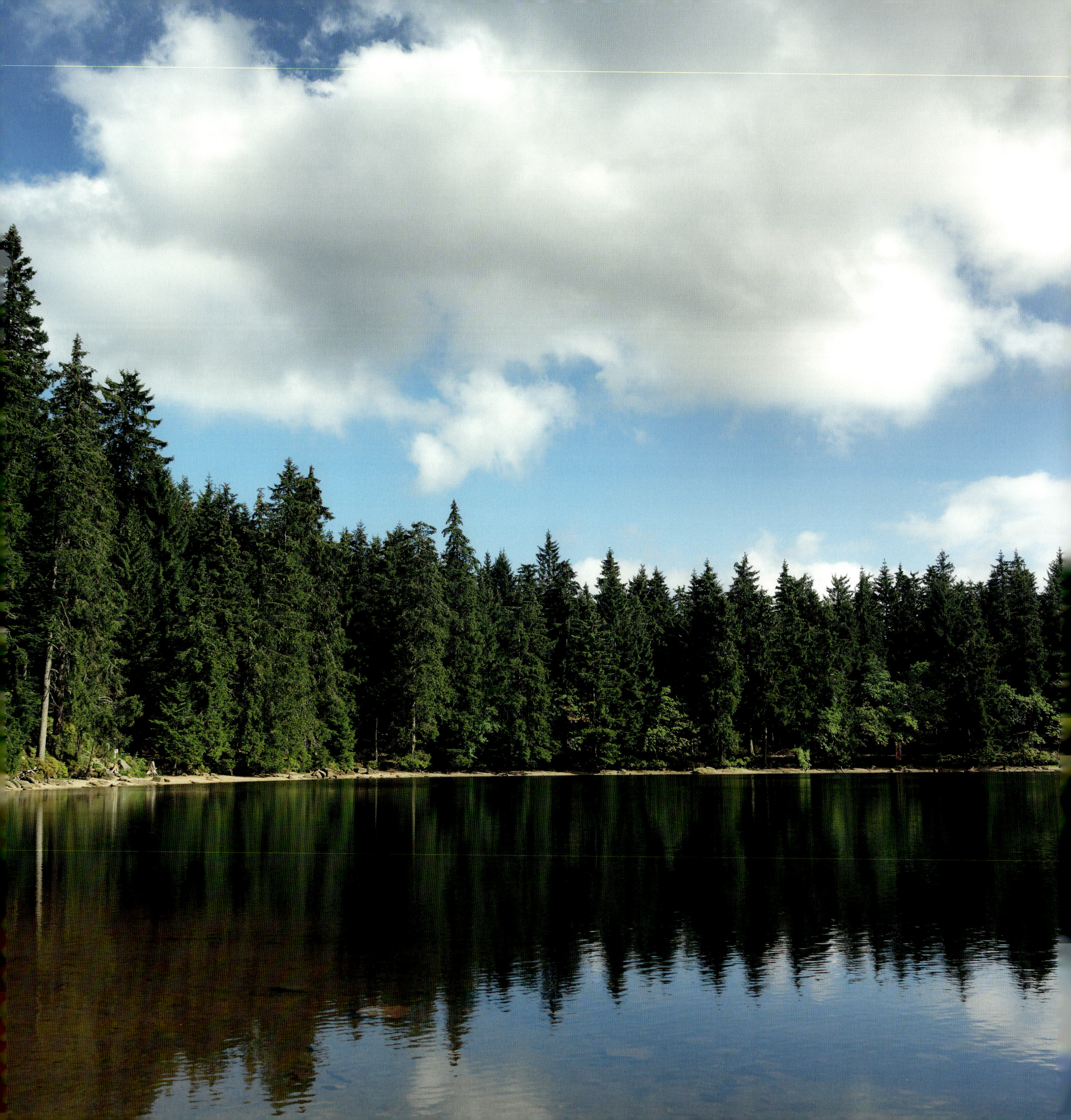

Der Mummelsee an der Schwarzwaldhochstraße
Mummelsee, along the Schwarzwaldhochstraße scenic road

Bei Furtwangen
Near Furtwangen

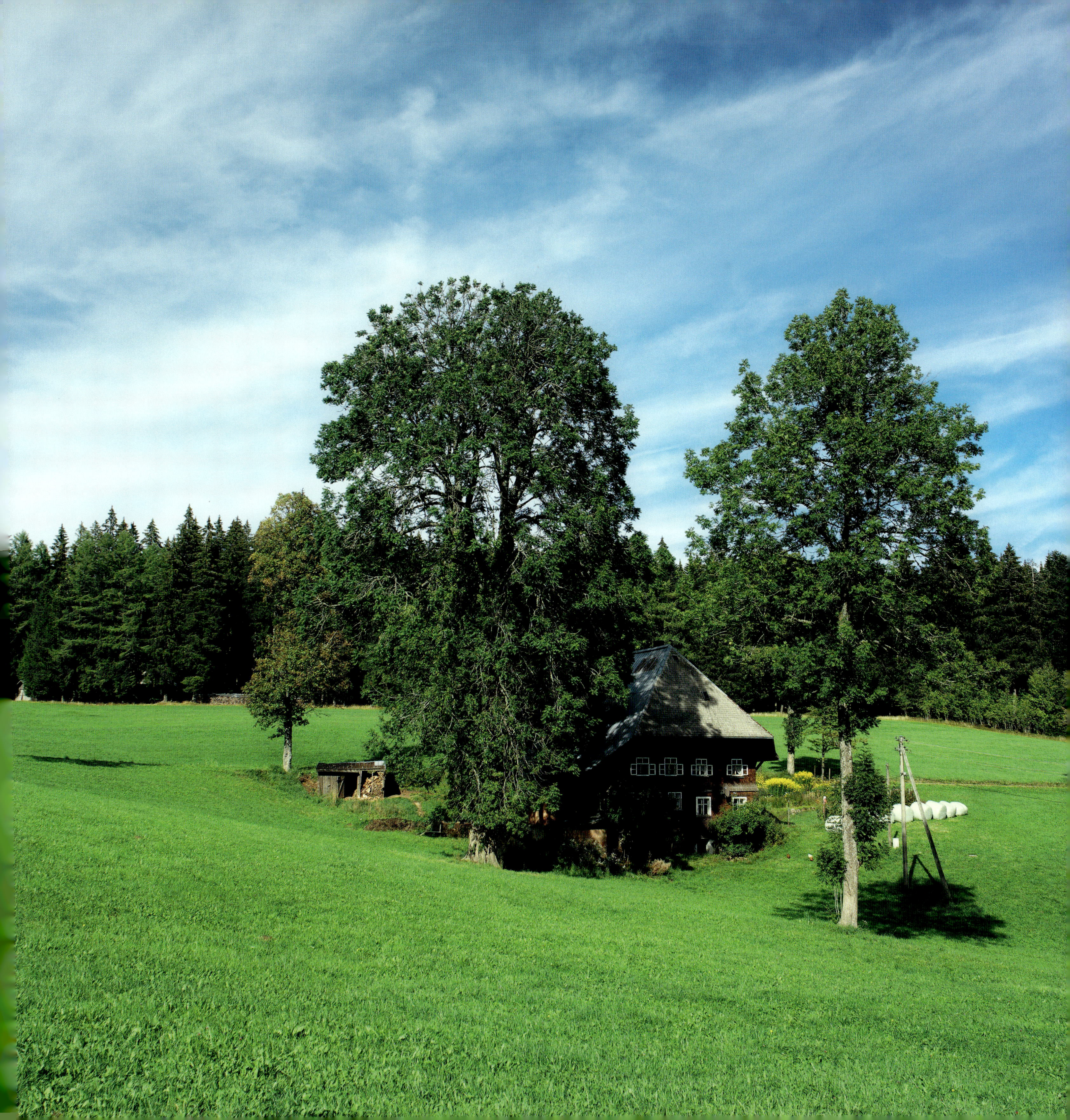

Oberes Zastlertal zwischen Oberried und Hinterwaldkopf
Upper Zastlertal, between Oberried and Hinterwaldkopf

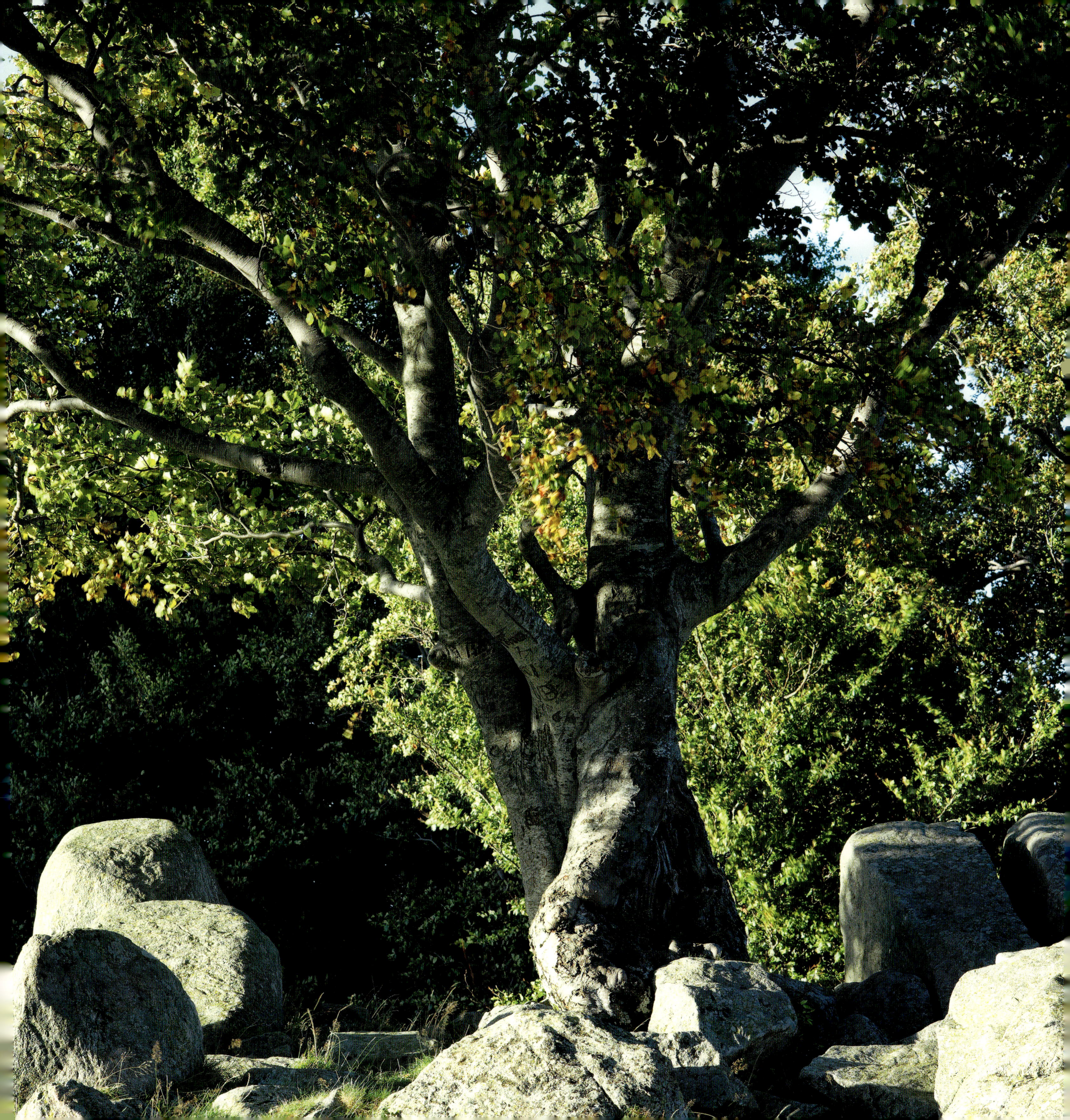

Die Erlenbacher Alm
The Erlenbach alpine pasture

Rechte Seite: Auf dem Schauinsland
Right page: On Schauinsland

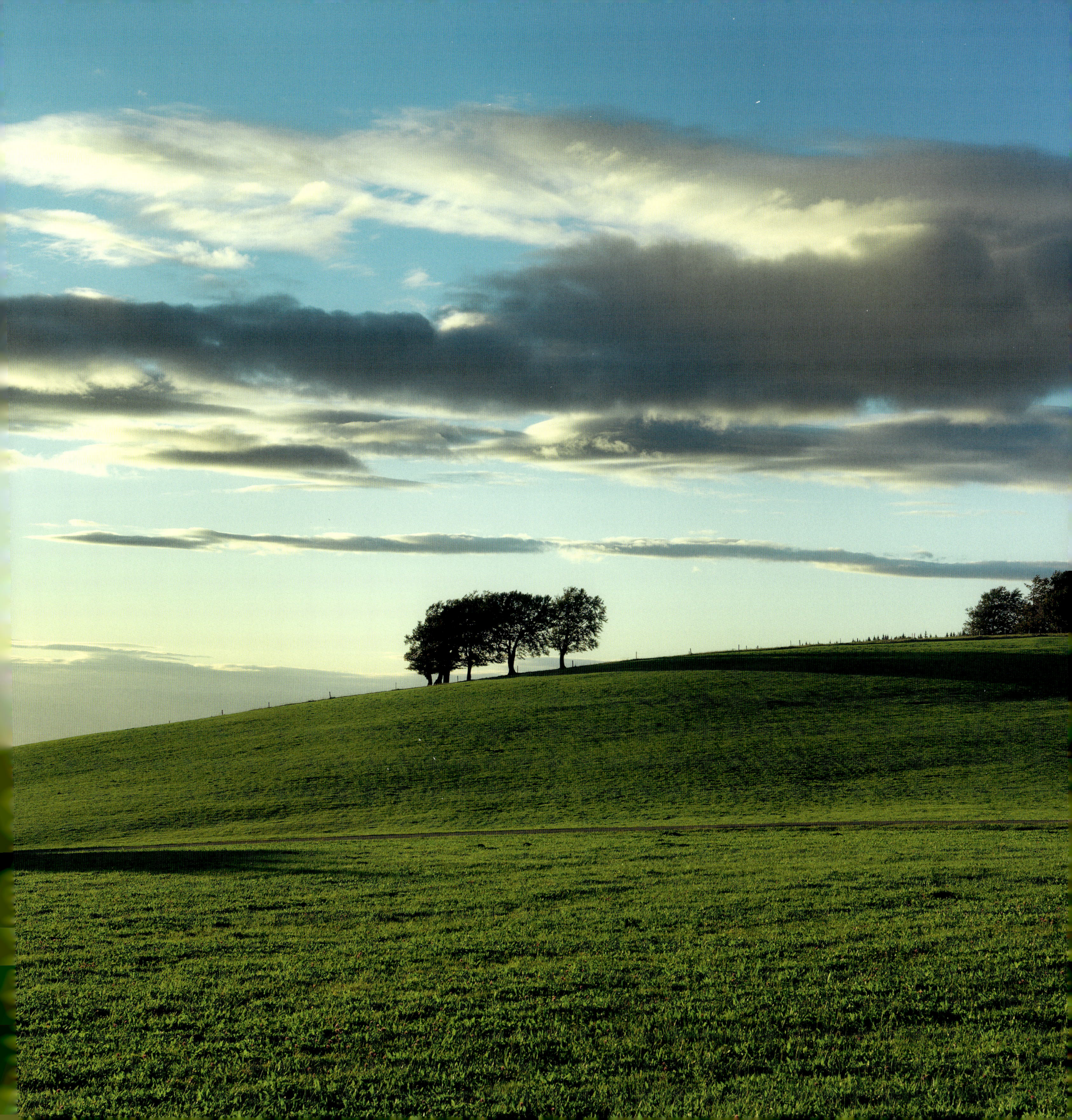

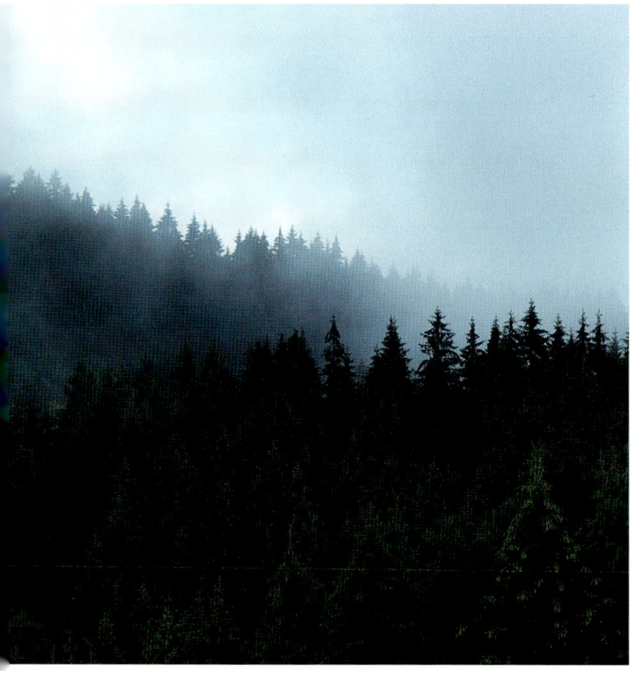

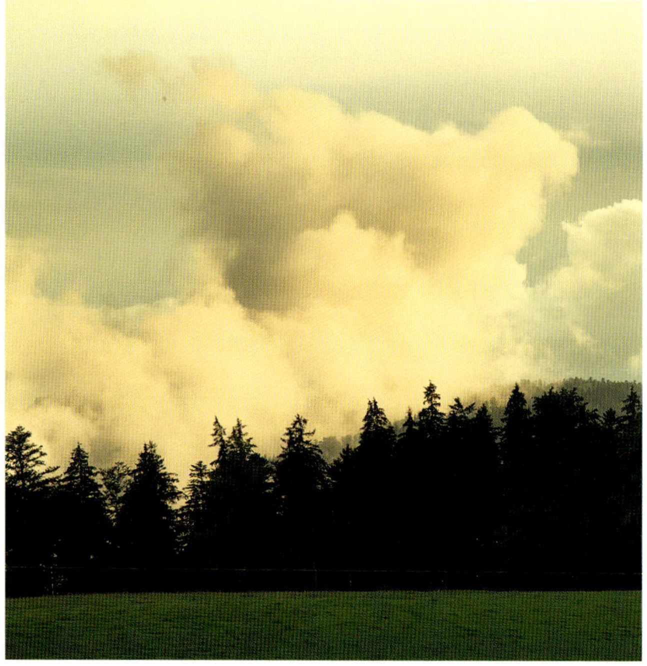

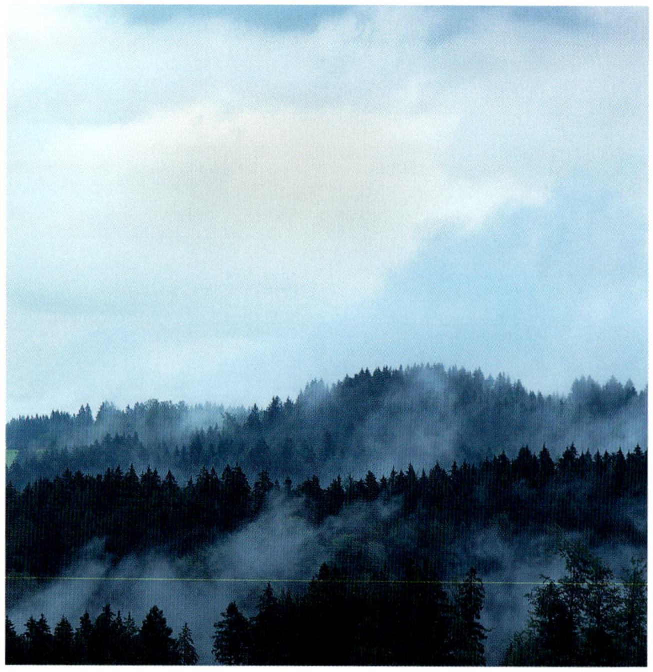

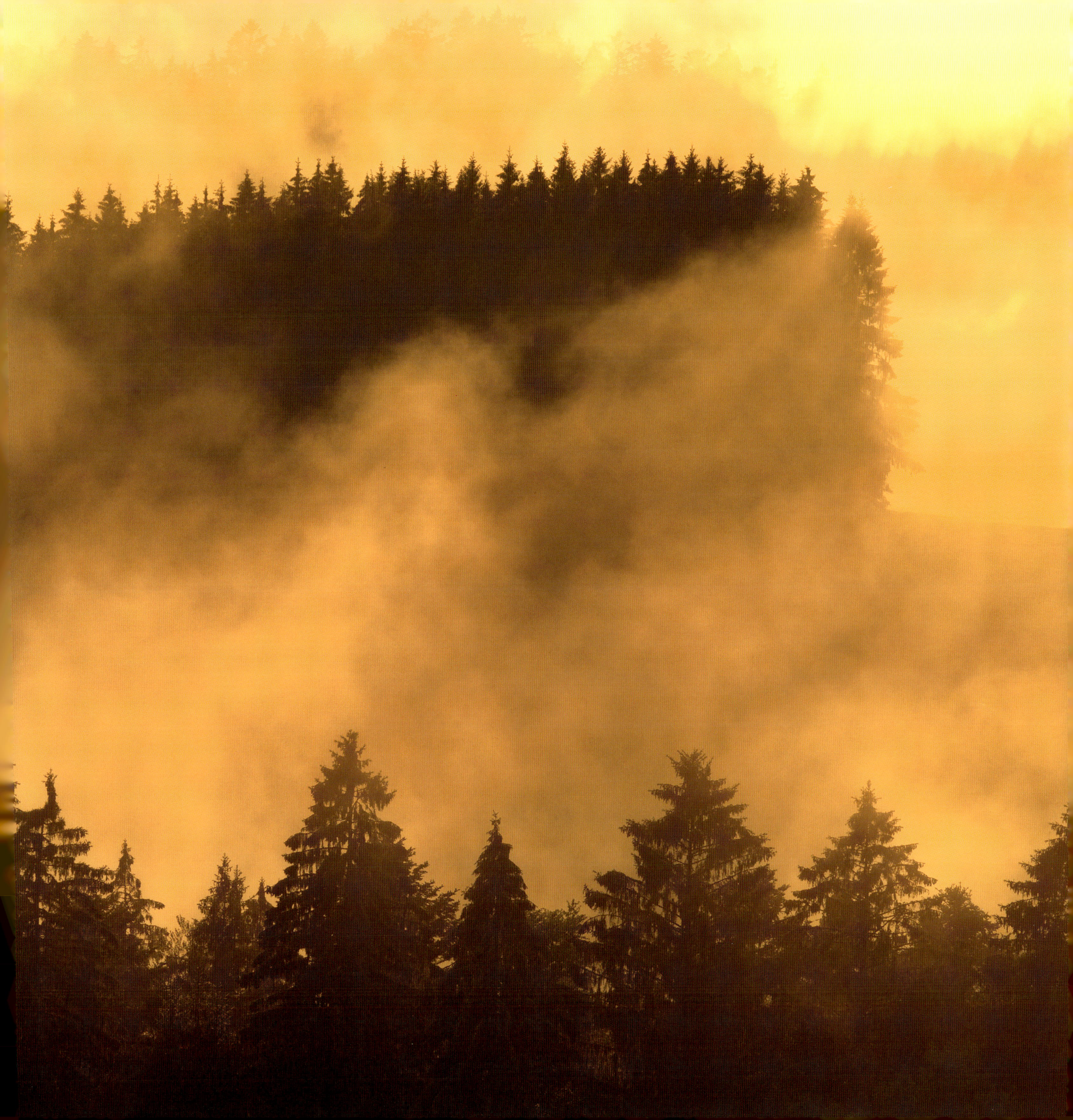

Seite 98 bis 101: Der Huzenbacher See bei Baiersbronn
Pages 98 to 101: Huzenbacher Lake, near Baiersbronn

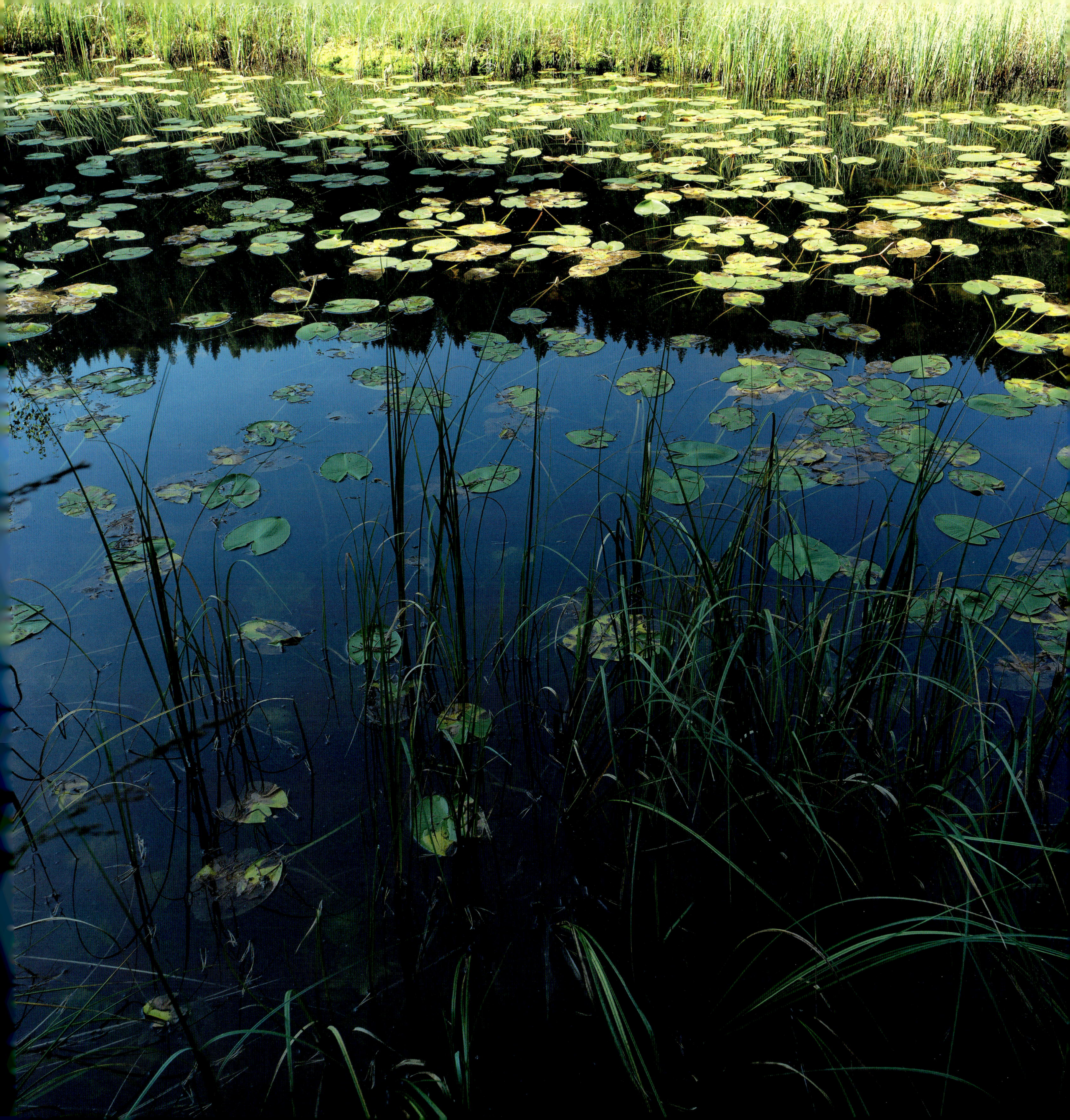

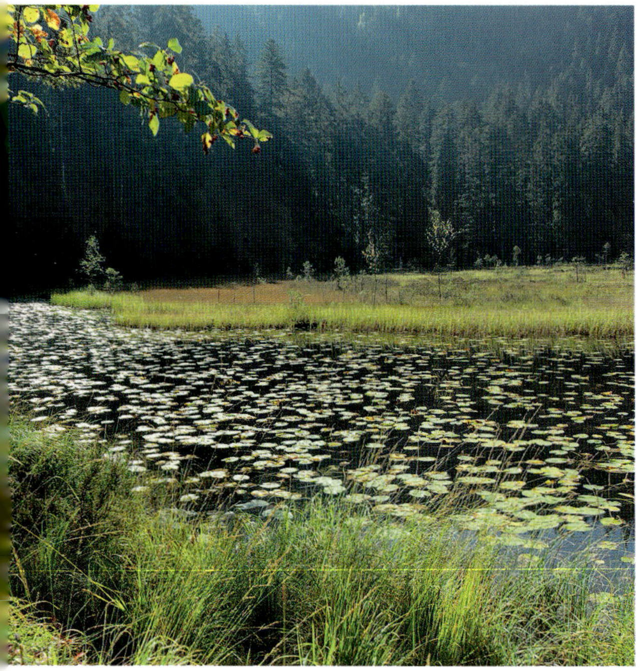
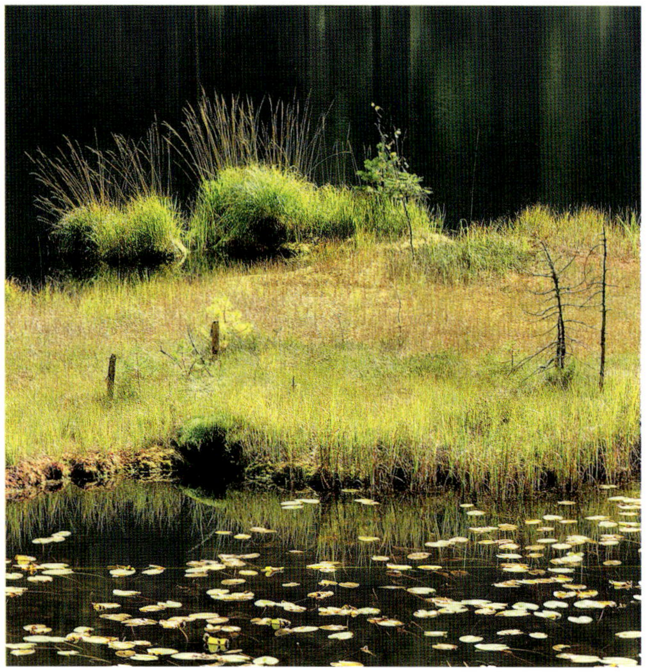

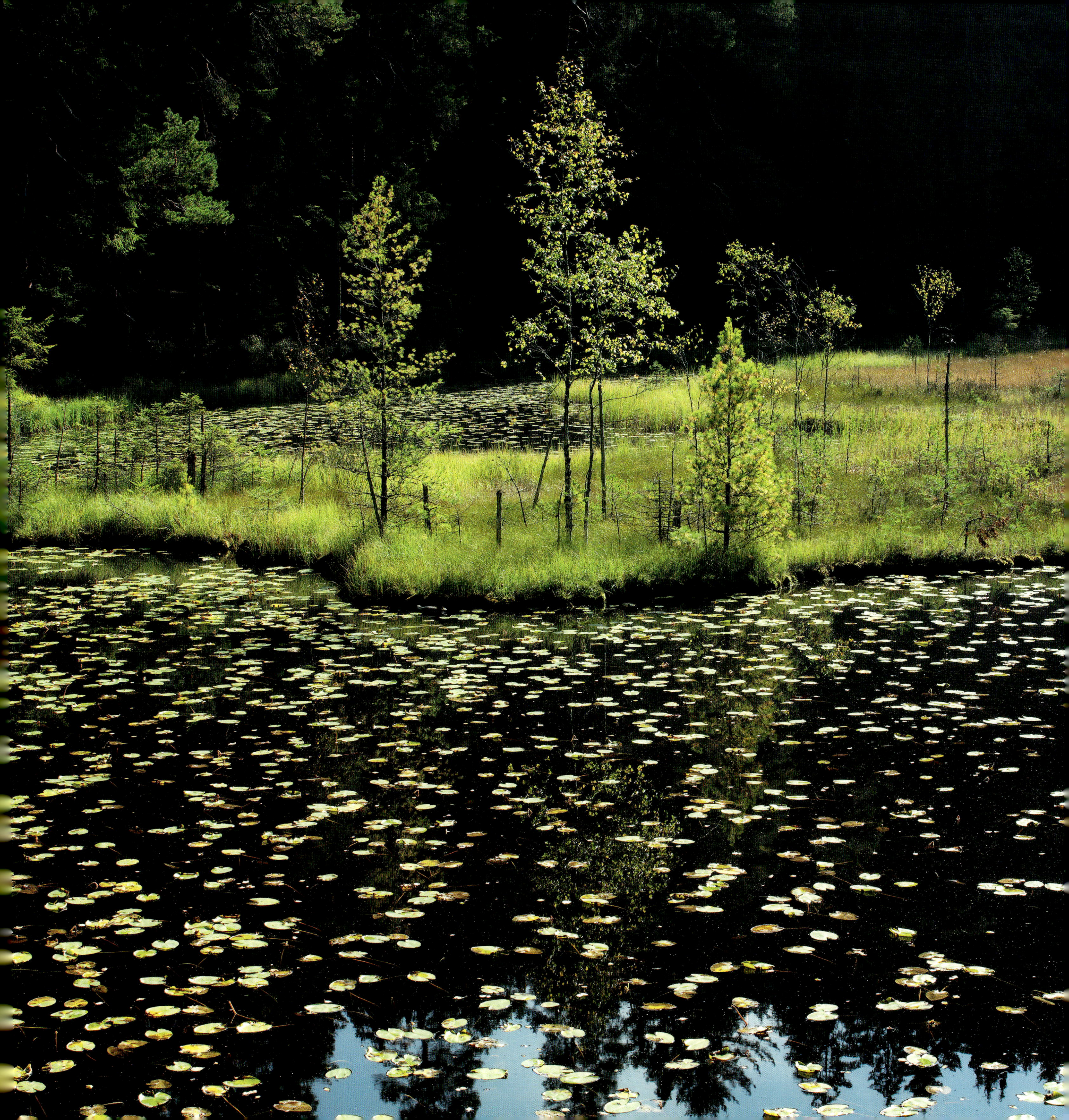

Rechte Seite: Blick vom Schauinsland zum Feldberggipfel
Right page: View of Feldberg's peak from Schauinsland

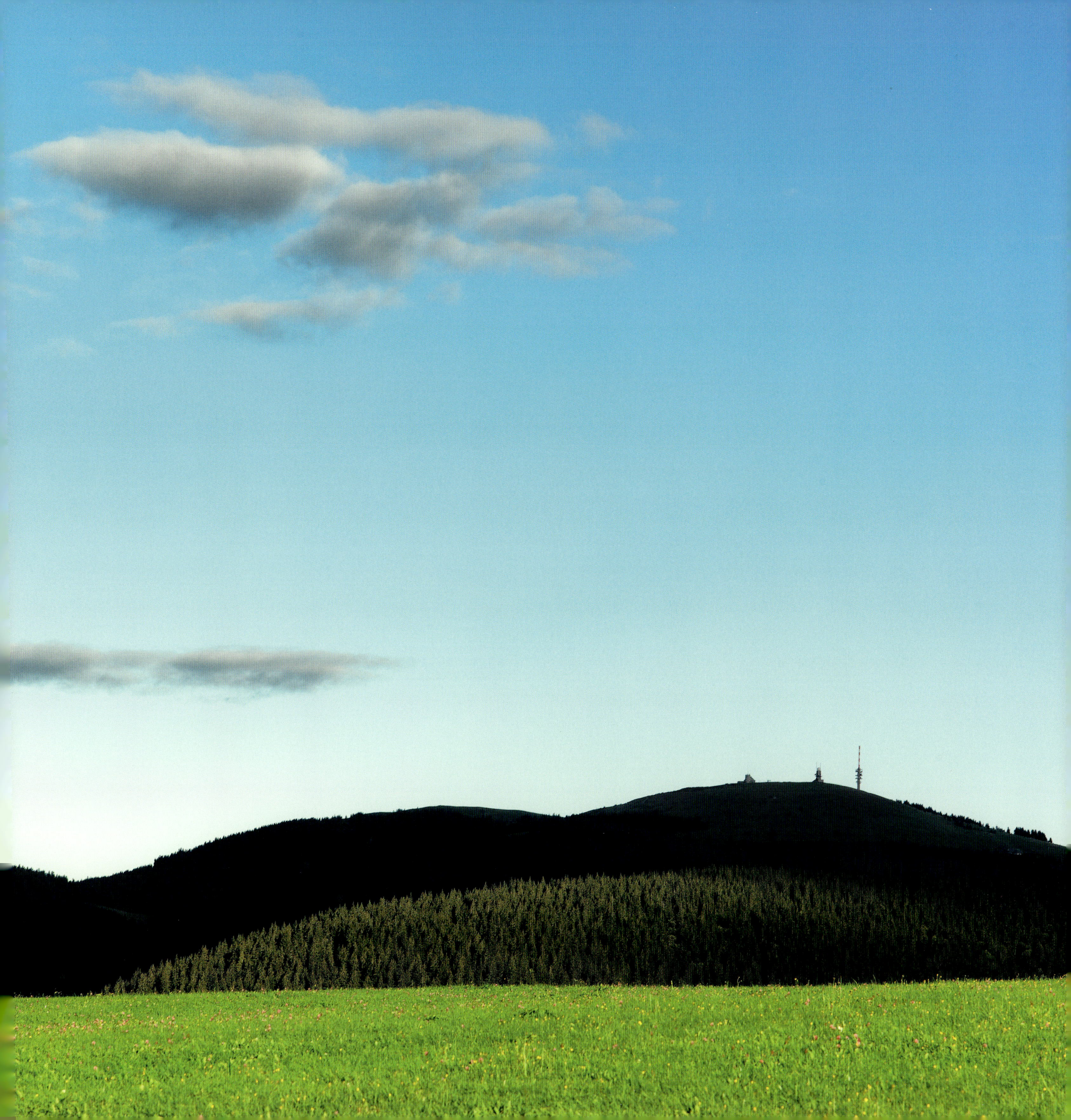

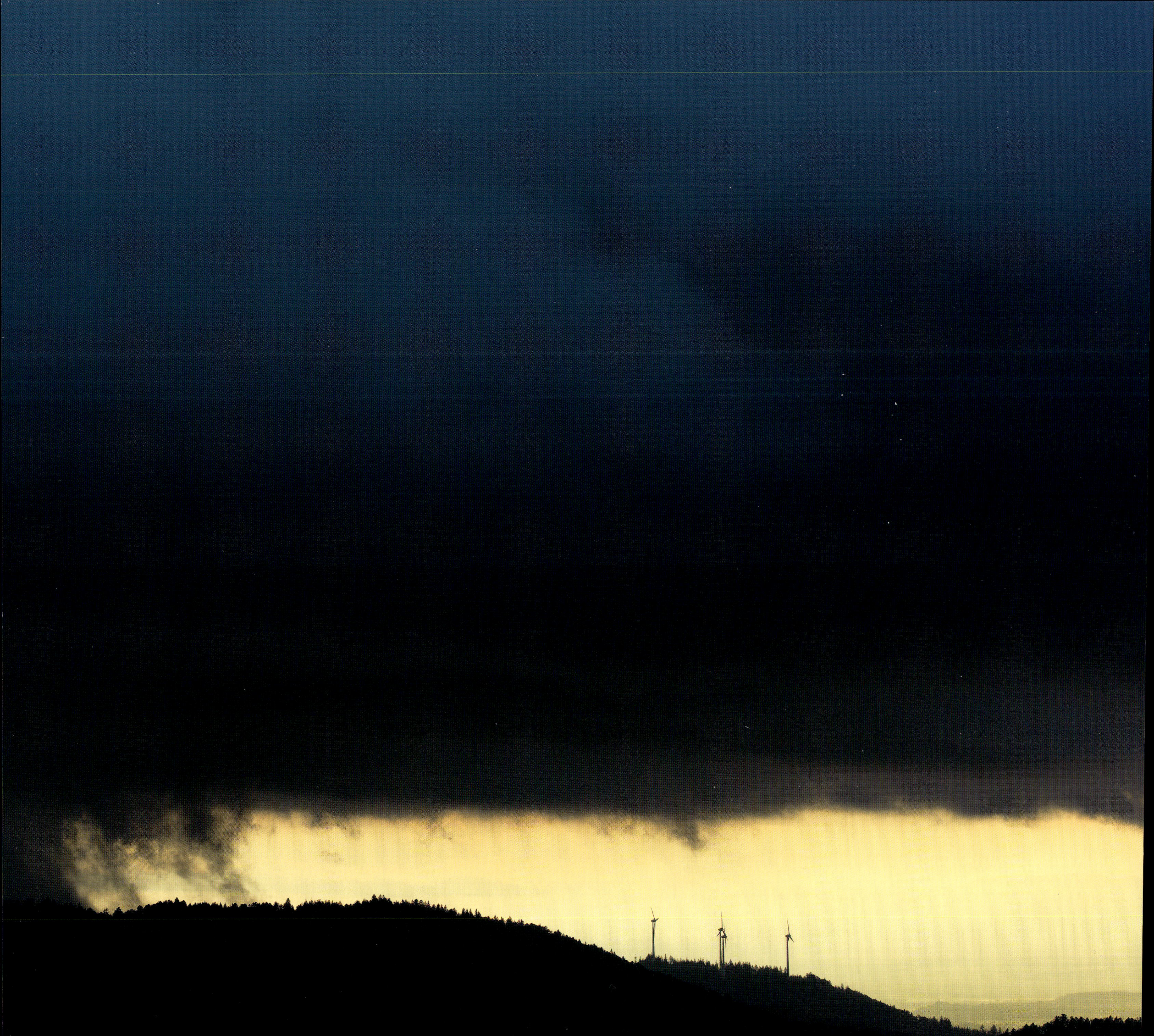

Blick vom Kandel nach Süden Richtung Freiburg und Rheinebene
View from Kandel to the south, towards Freiburg and the Rhine Plain

Die Triberger Wasserfälle
Triberg Falls

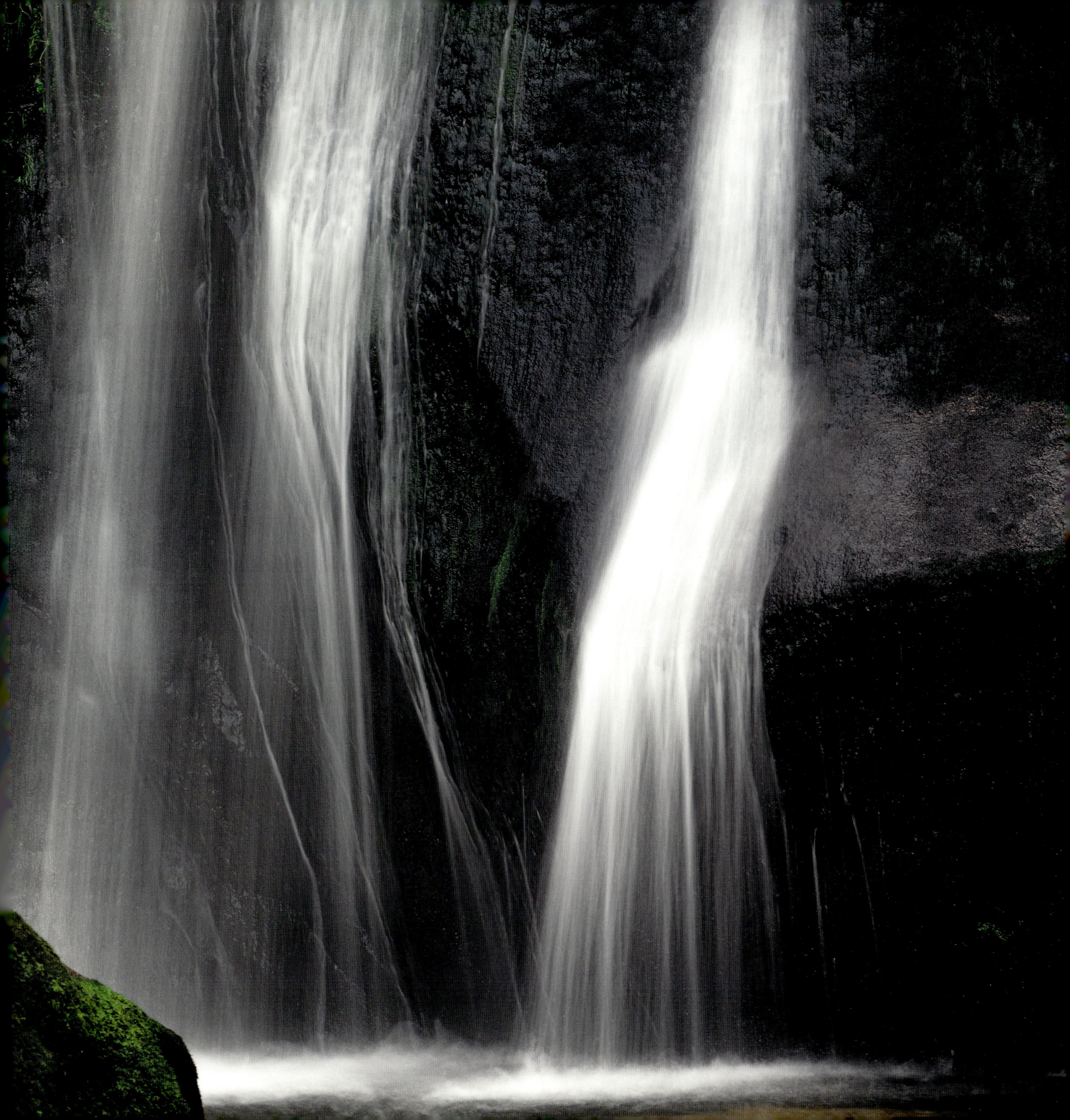

Wald im Oberprechtal
Forest in Oberprechtal

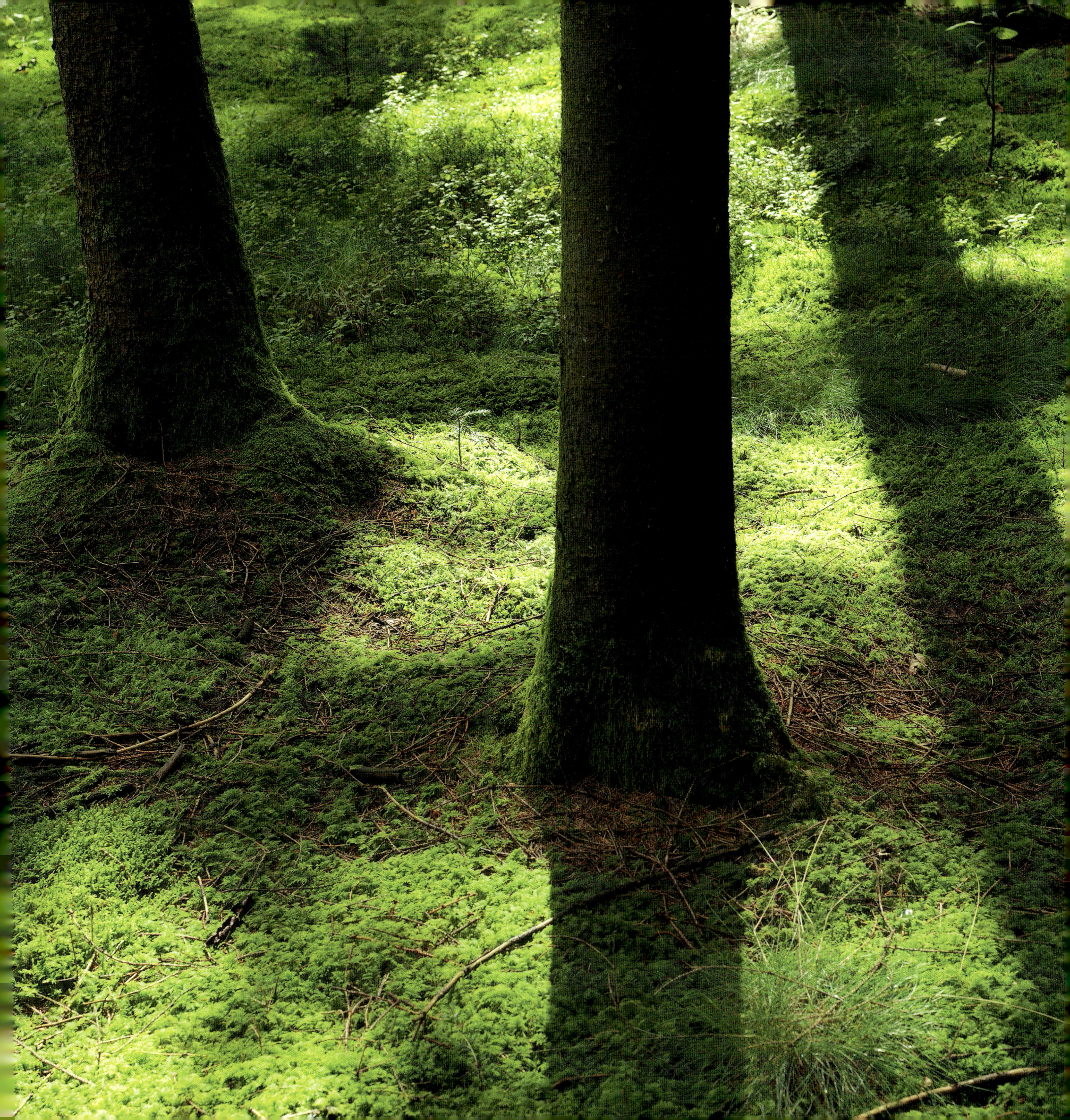

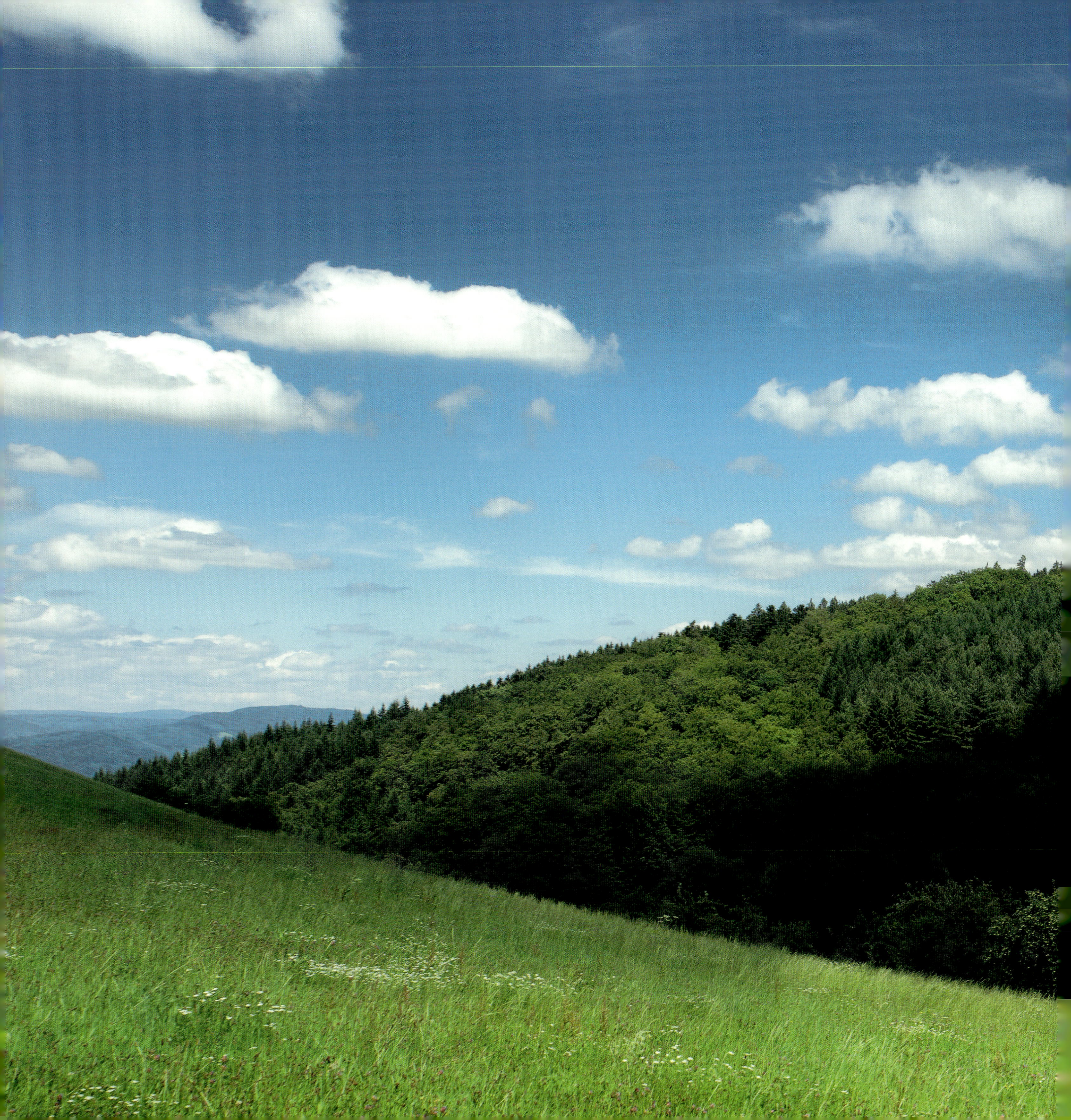

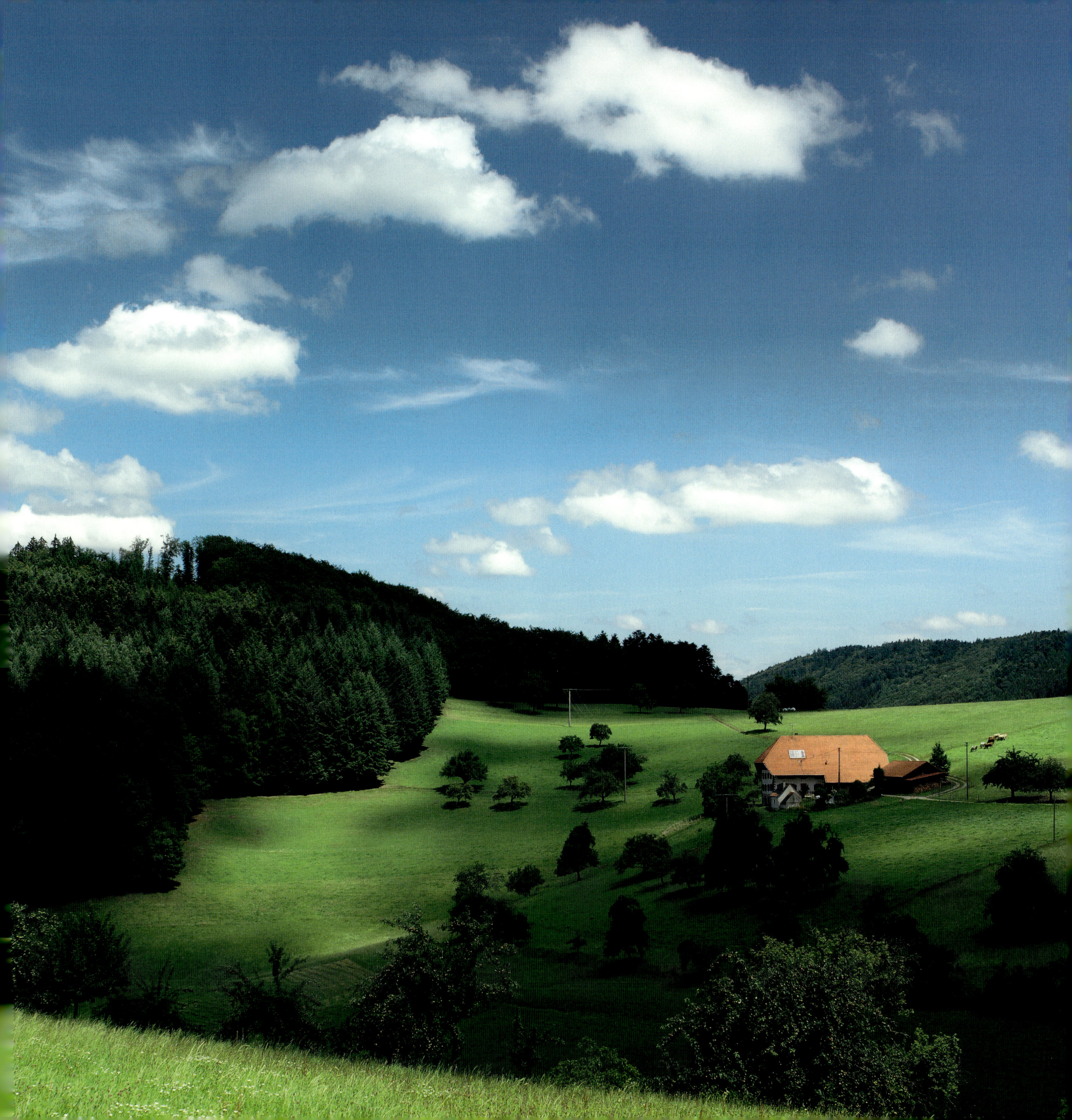

Schiltach im Kinzigtal
Schiltach, in Kinzigtal

Seite 110/111: Panorama nördlich von Elzach
Page 110/111: Panoramic view to the north from Elzach

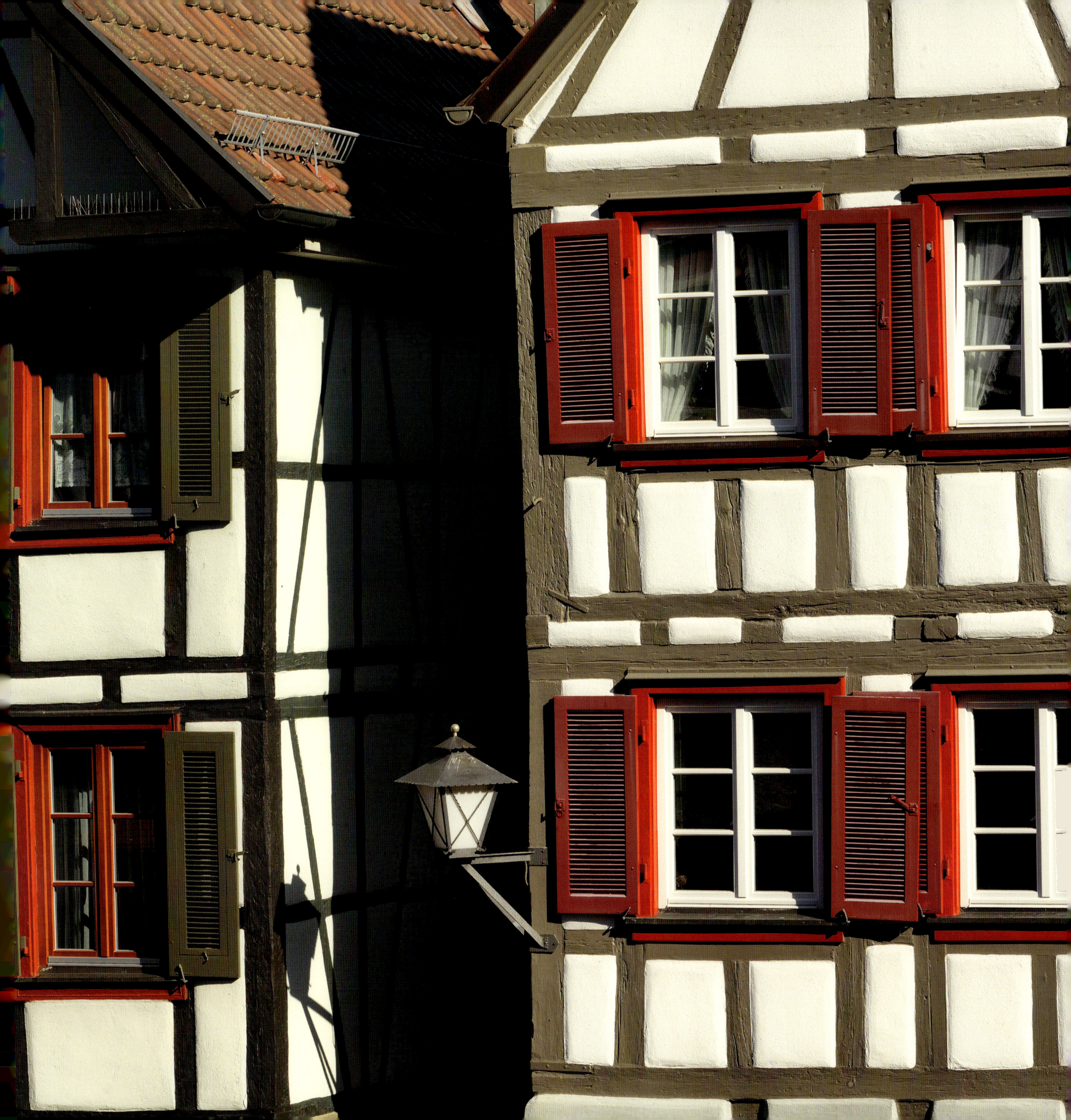

Seite 114 bis 117: Igelsberg bei Freudenstadt
Pages 114 to 117: Igelsberg, near Freudenstadt

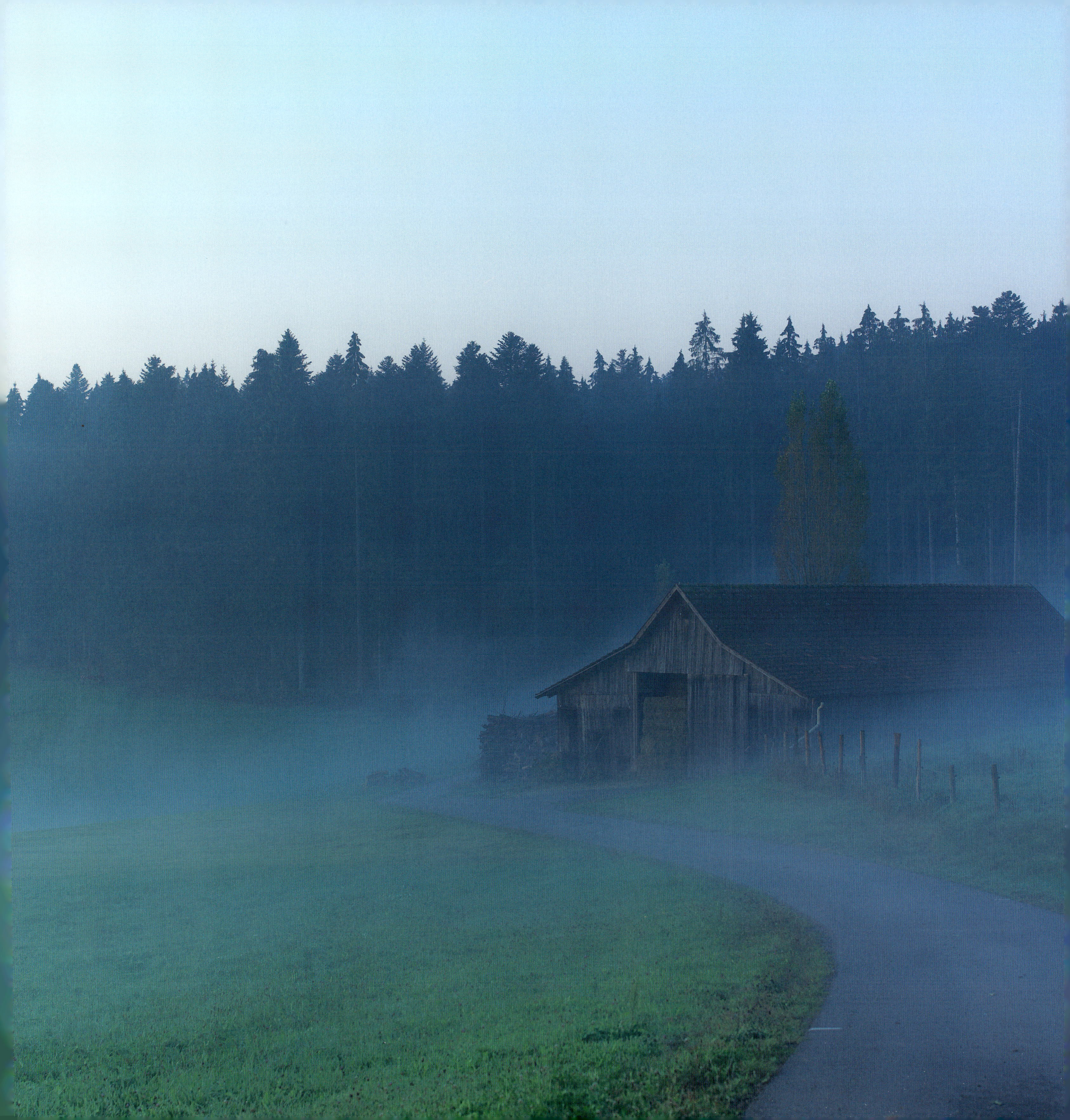

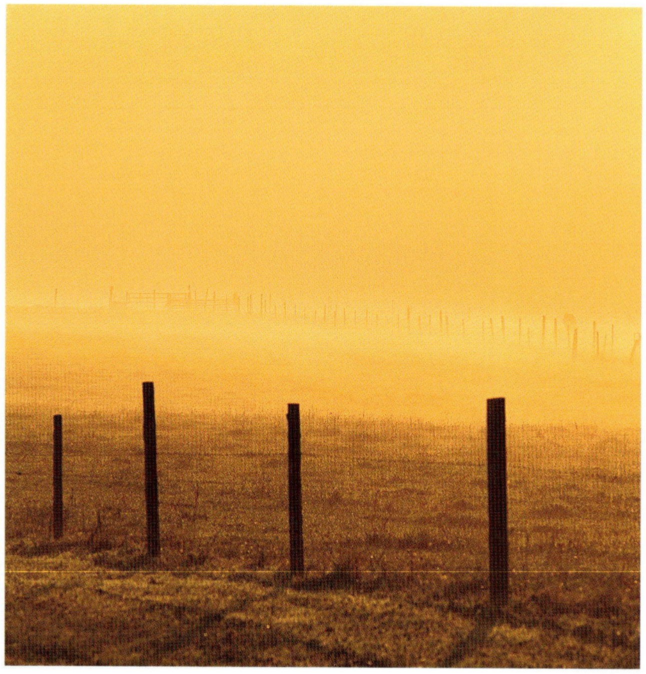
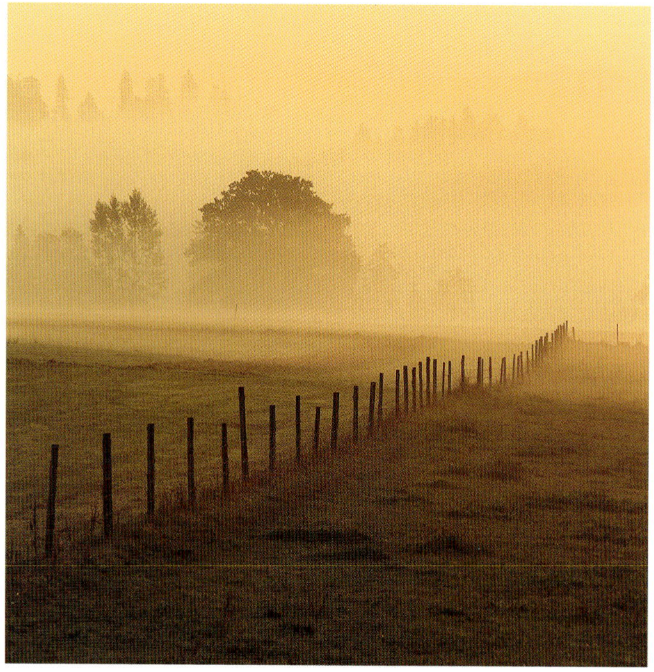

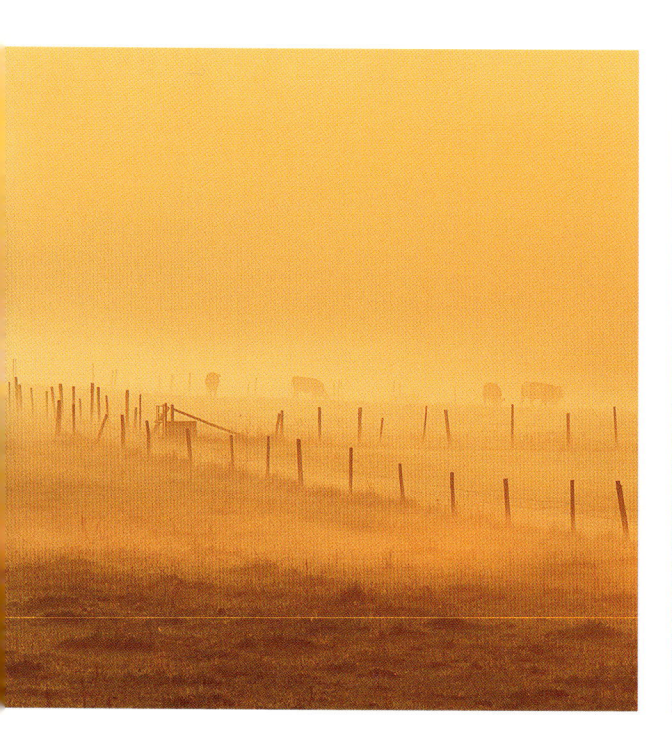

Die Nagoldtalsperre bei Seewald
Nagold Dam, near Seewald

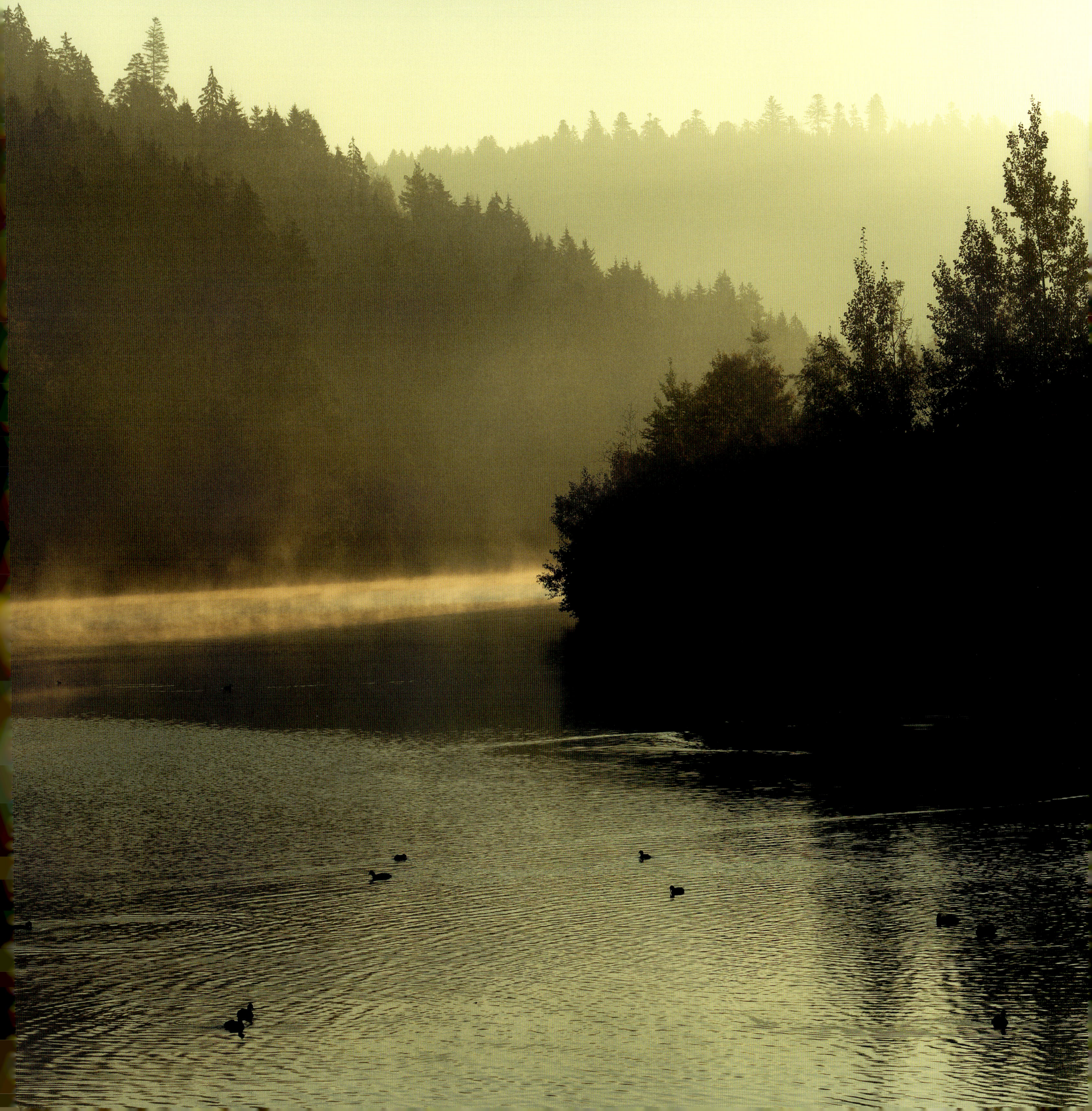

Das Wildseemoor bei Kaltenbronn
Wildsee Bog, near Kaltenbronn

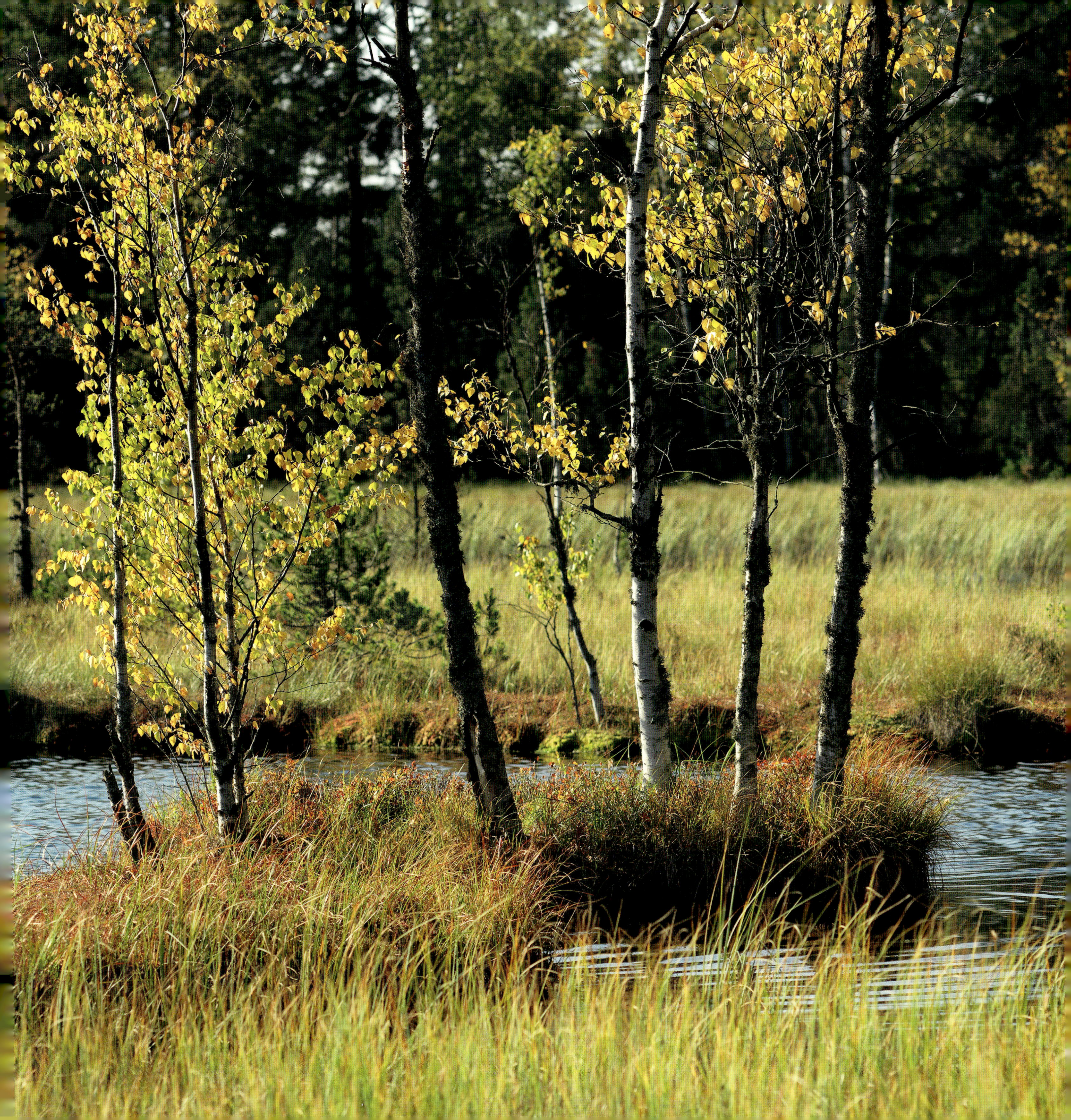

Die Klosterruine Allerheiligen oberhalb von Oppenau
Ruins of All Saints' Monastery above Oppenau

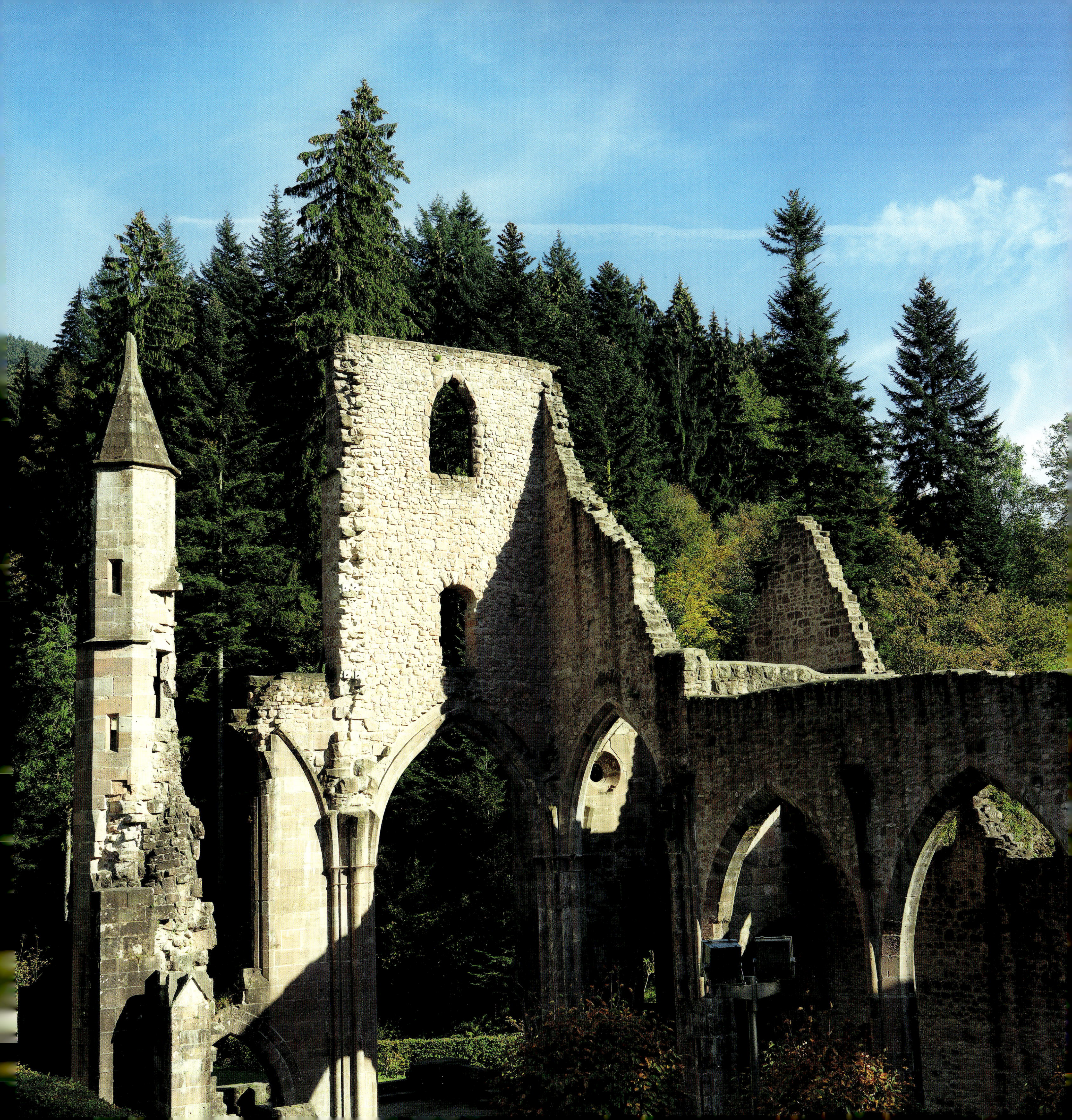

Beim Wiedener Eck
The Wiedener Eck area

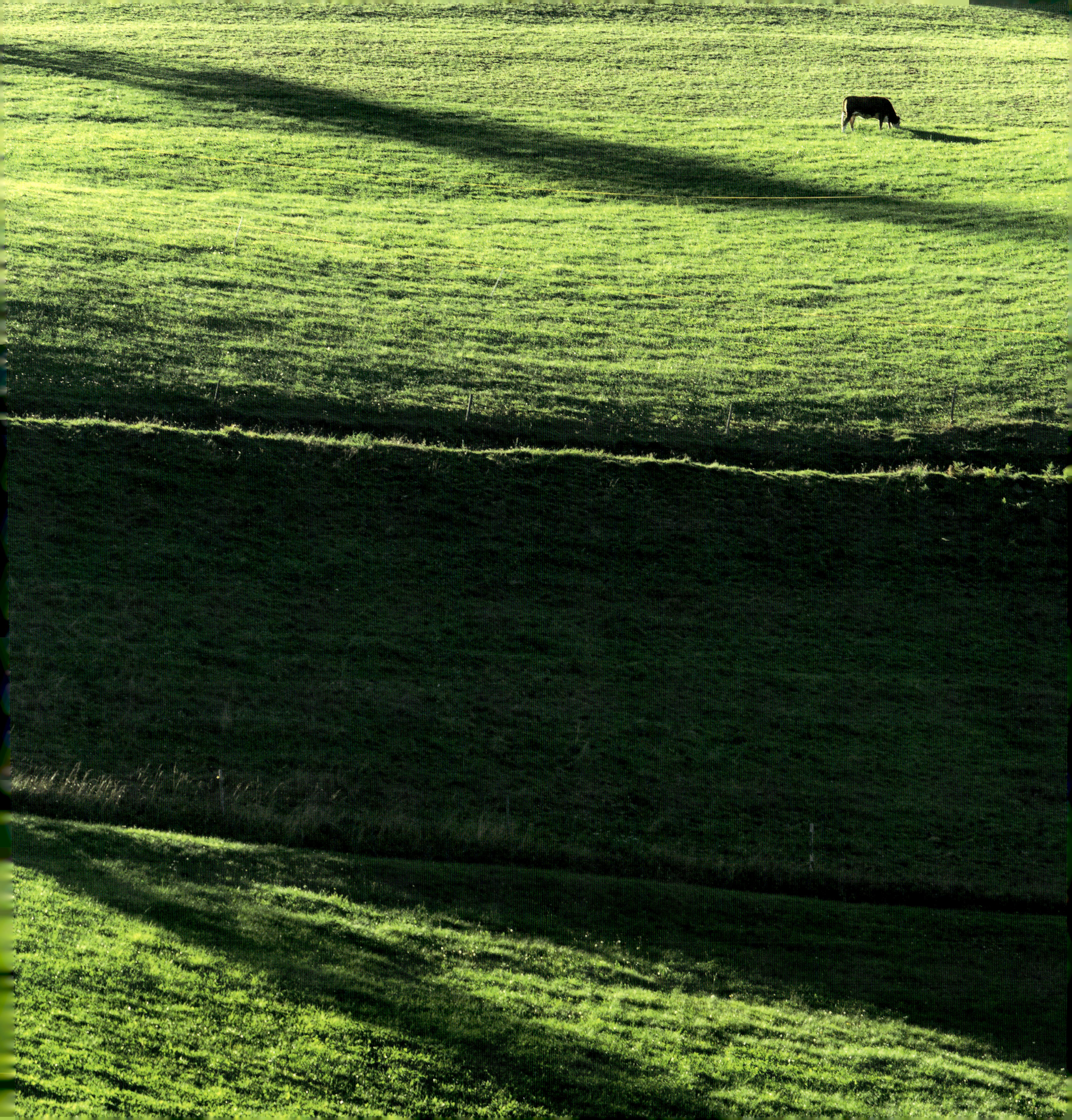

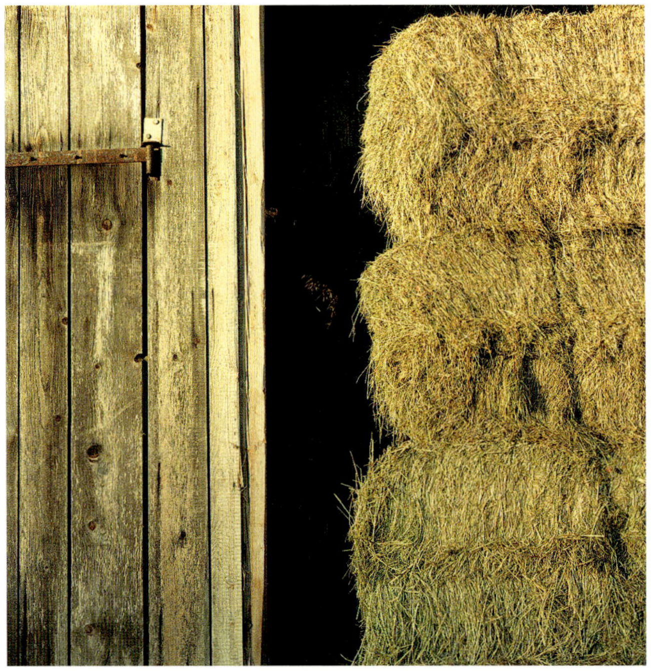
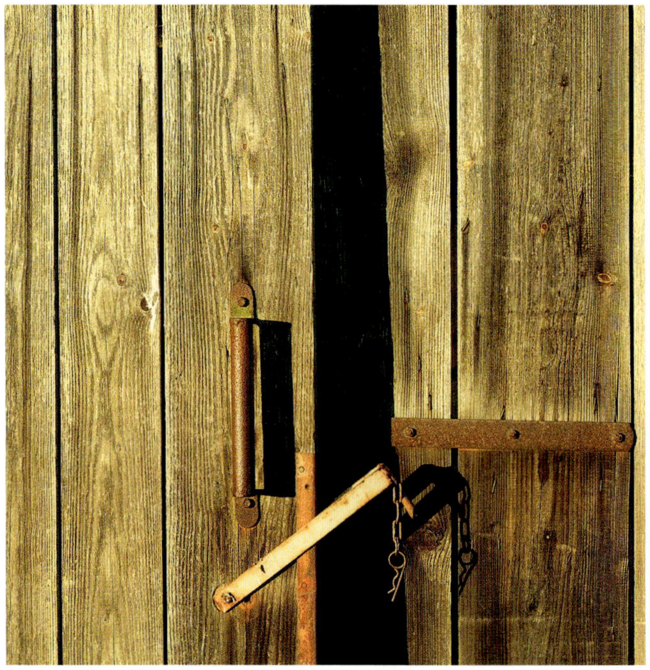
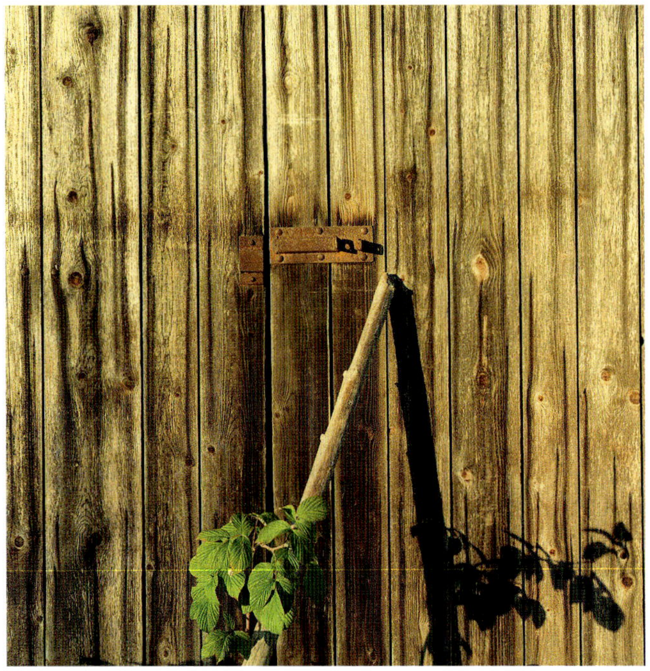
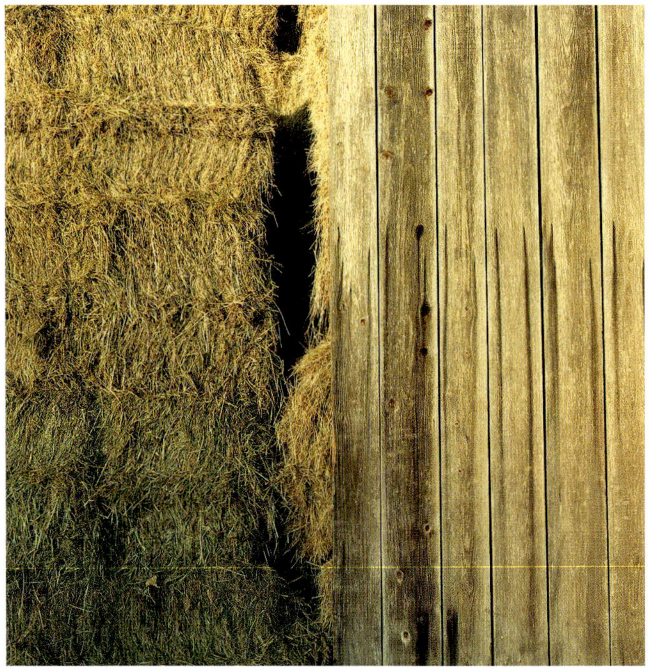

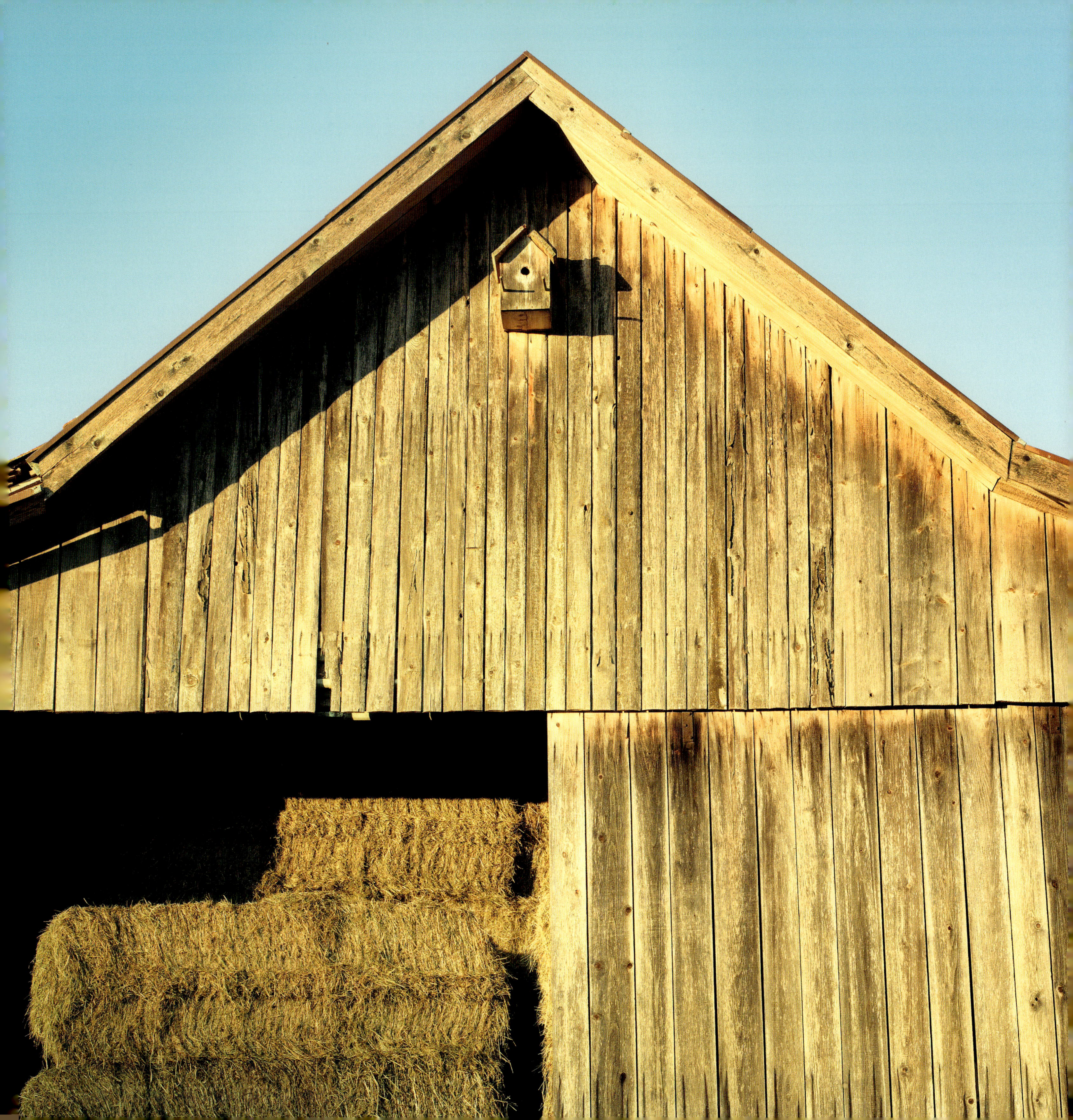

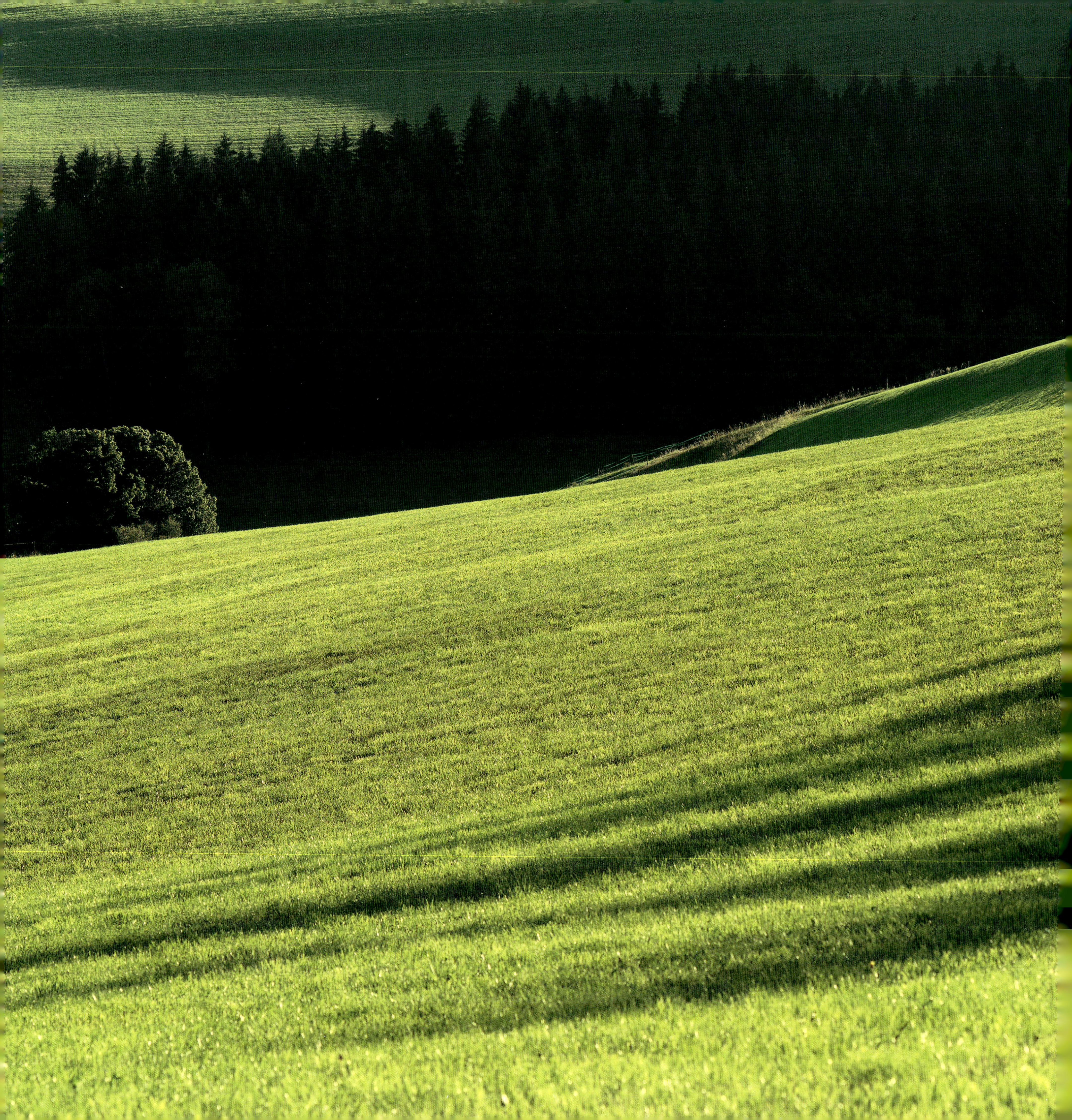

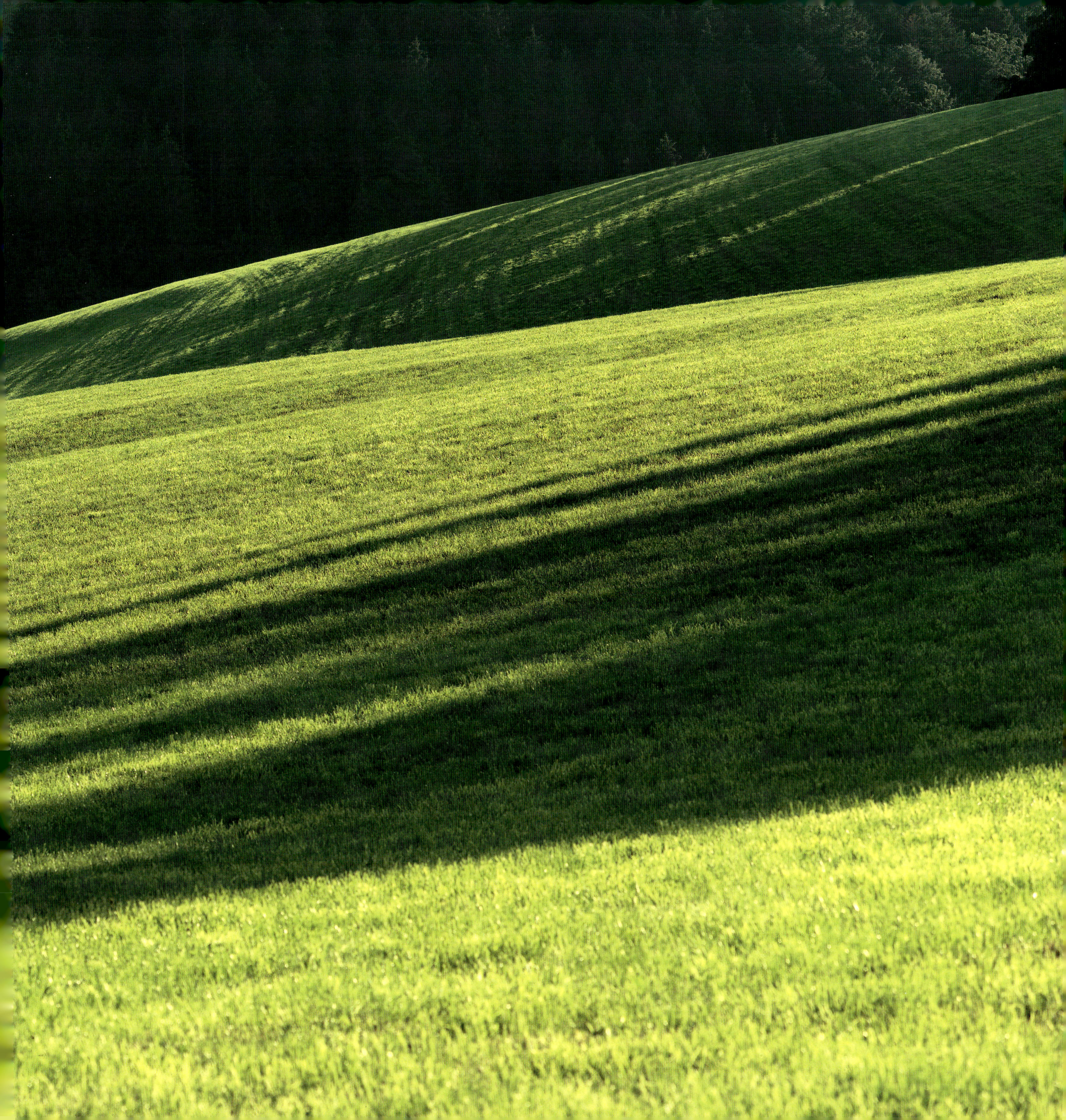

Titisee im letzten Tageslicht
Titisee at twilight

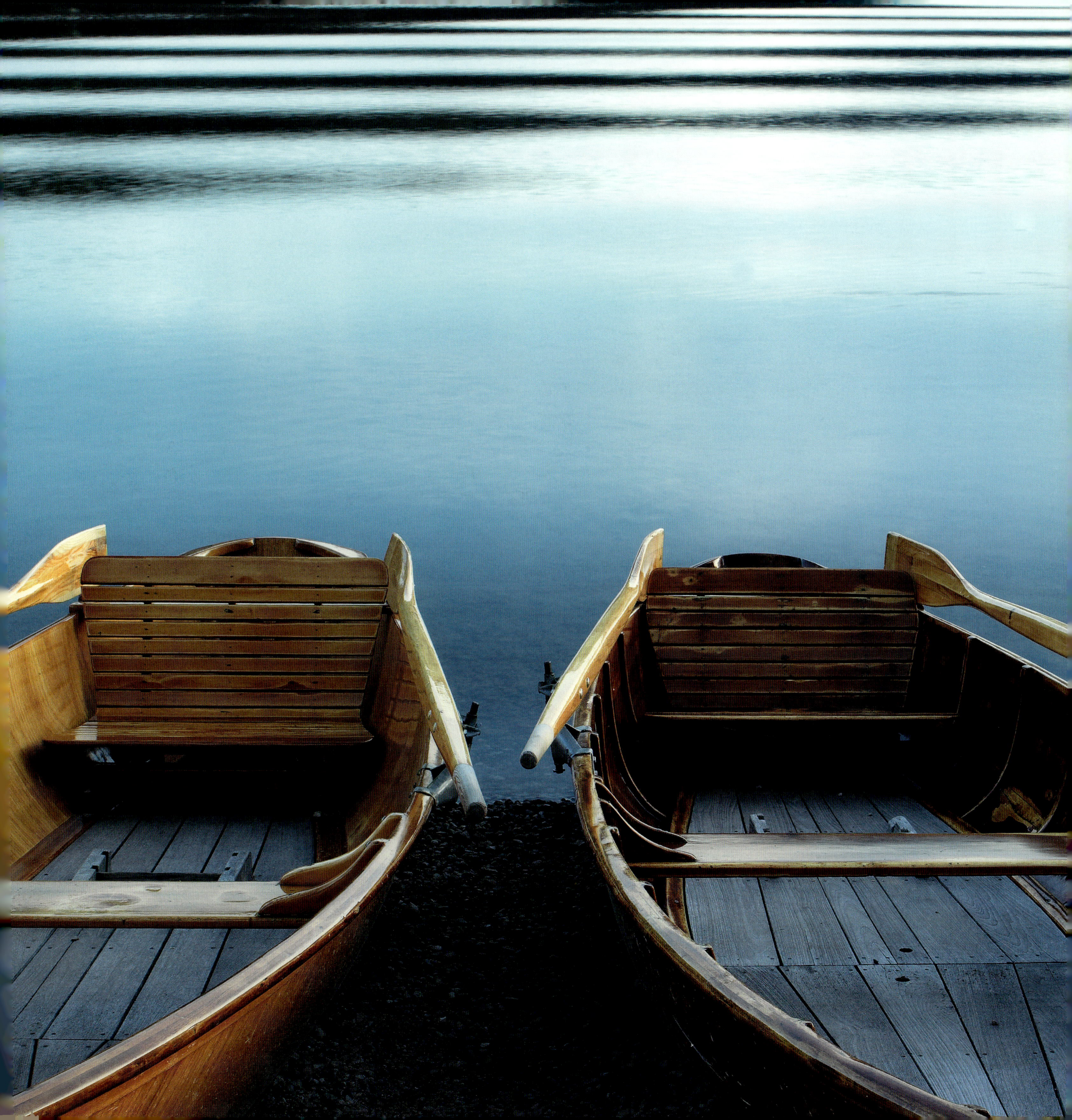

Am Knöpflesbrunnen oberhalb von Todtnau
Knöpflesbrunnen, above Todtnau

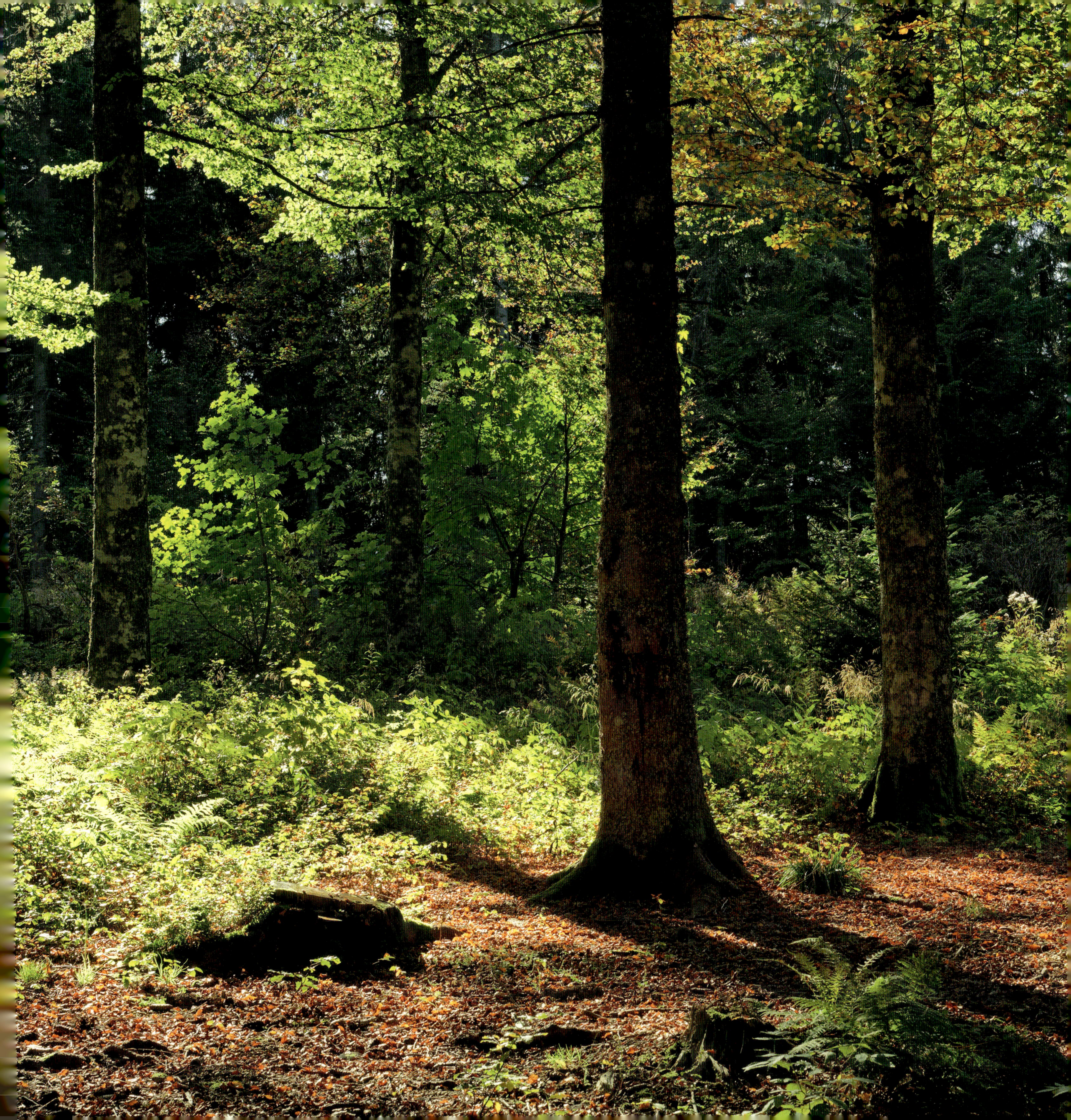

Zwischen Präg und Herrenschwand
Between Präg and Herrenschwand

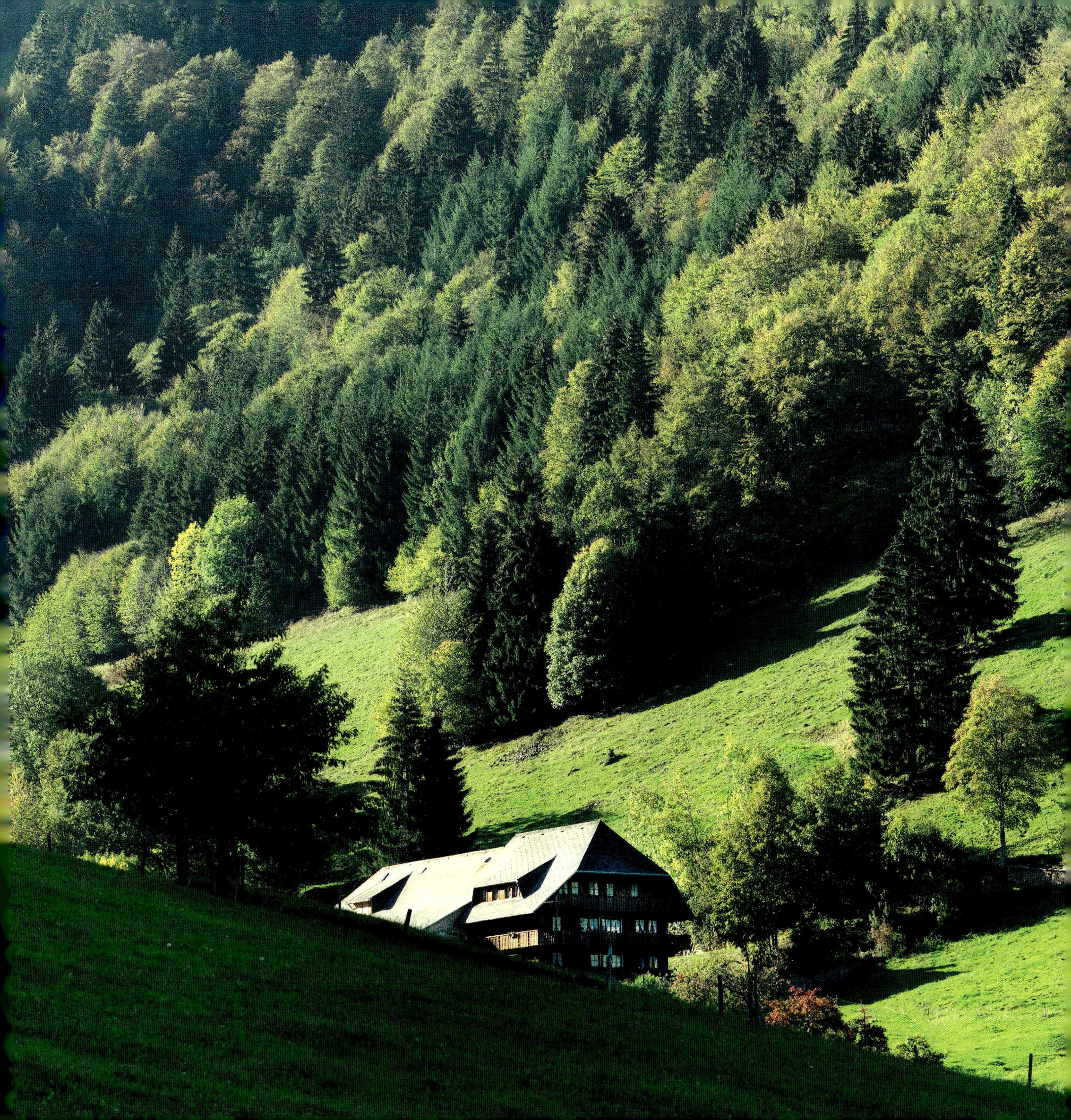

Seite 136 bis 139: Am Nonnenmattweiher
Pages 136 to 139: On the shores of Nonnenmattweiher

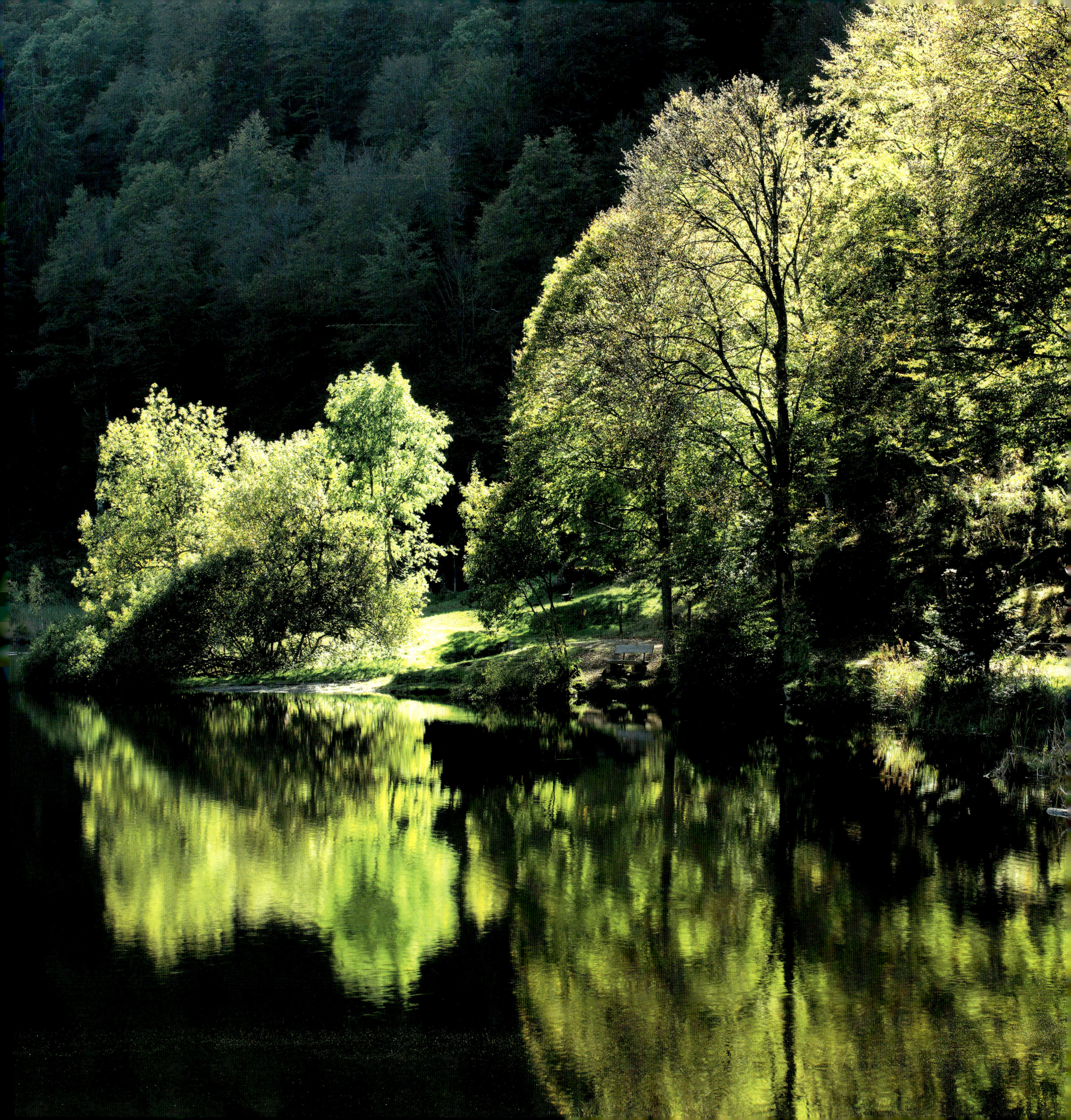

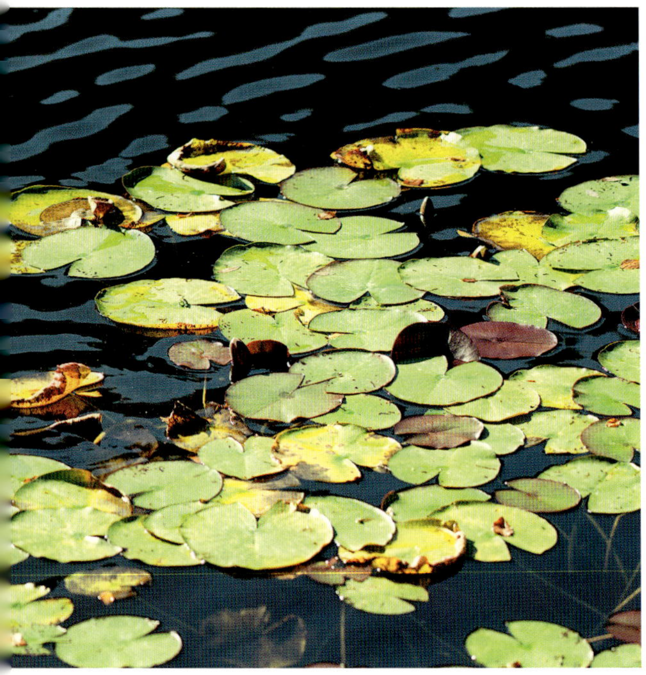
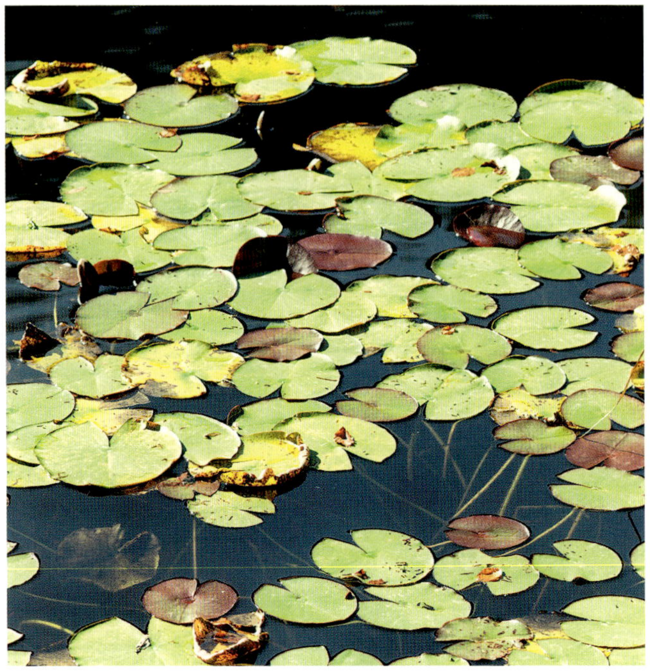

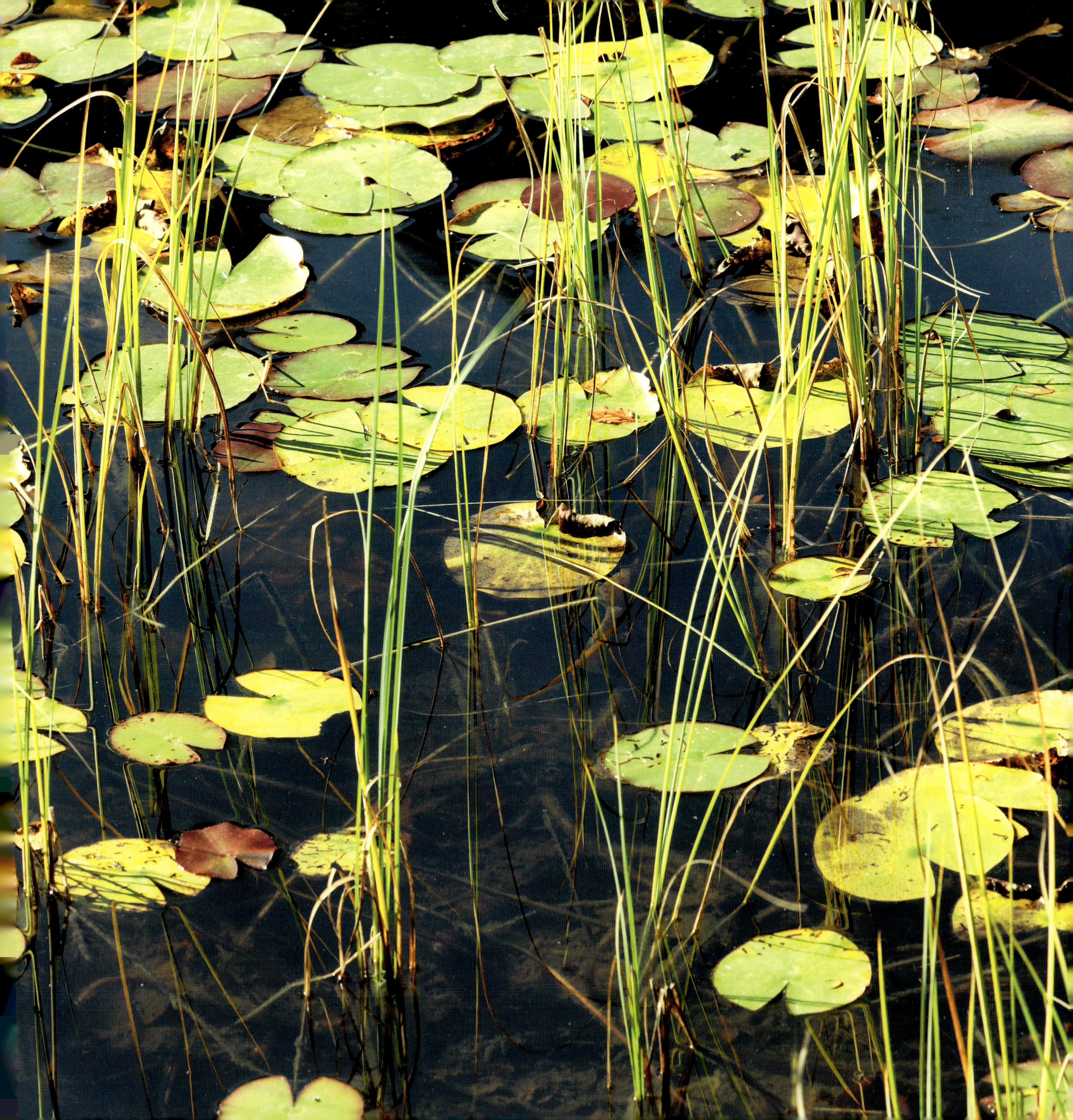

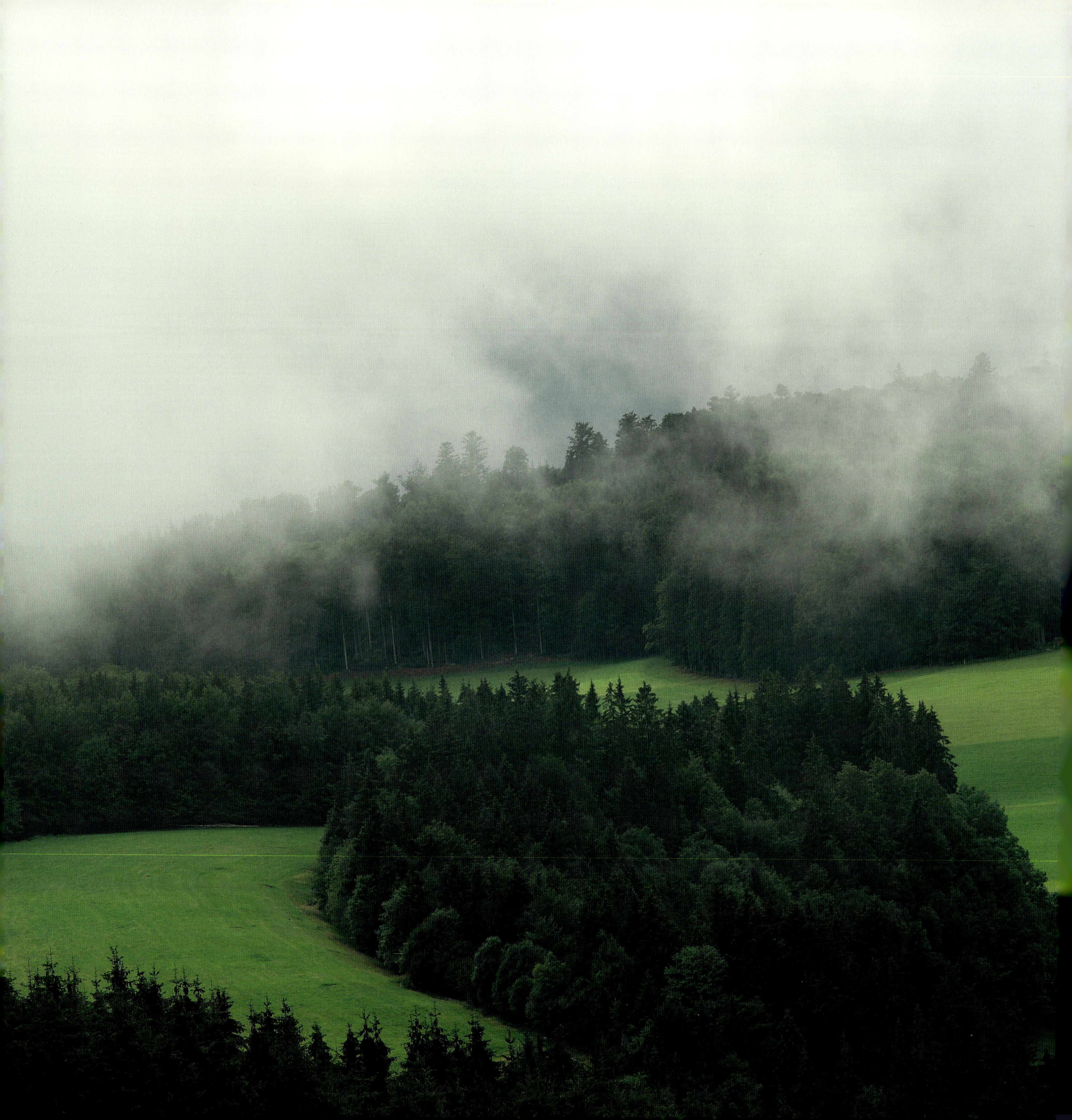

The Black Forest

What exactly is black about the Black Forest? Of course, it does have its darker moments – on a gray day in November or April, you may literally see black when you look into the forest. This darkness has its own allure, but it's not how we usually think of the Black Forest. We're much more likely to visualize the landscape in shades of green – from the bright, fresh green of the meadows to the serious, calming dark green of the coniferous forests. If we had to choose a second color, blue might be next on the list – the radiant, sometimes almost unreal deep blue of the sky that curves over the mountains and valleys on so many days, or maybe that light, magical blue that turns the snow-covered Black Forest into a setting worthy of a fairy tale.

There's a lot of evidence that the Black Forest was given its name for psychological reasons rather than anything to do with its actual colors. The Romans, who seemed quite comfortable around the Rhine, were careful to avoid the Black Forest, and even the locals, the Alemanni, preferred not to stray too far in. For a long time, the mountains and their dense forests were considered dangerous and forbidding, especially with the difficult terrain and unpredictable, at times extreme weather, which can catch careless tourists off guard even today.

But this impression has changed over time. The Black Forest has evolved from a frightening place to a popular destination for people around the world, as the following anecdote demonstrates. A tour group of Australians were traveling around Europe. The visitors from Down Under had already seen all of the most famous landmarks in Spain, Italy, England, France, and other countries on their grand tour across the continent – but as their tour bus made its way through the Black Forest, they indignantly asked their guides, "Why didn't you take us here right away?!?"

The image of a charming Black Forest is actually older than many people think, although a number of films in post-war Germany encouraged the fascination that continues today with romantic shots of traditional costumes and clattering mills. As early as 1840, an archivist from Baden named Joseph Bader delved into the low mountain range's name, which he also found misleading. Although he lived in a different time, the picture he draws of the Black Forest is almost exactly the same as the one most of us have of the area today. "The name of the Black Forest surely gives to those unfamiliar with the mountains a gloomy and eerie feeling," Bader wrote. "But when the wanderer ascends from the magnificent Rhine, Danube, or Neckar Valley to the heights of the Black Forest, how surprised he will be to find something so unlike his expectations. For he will see […] a mountainous area that is quite serene, well developed with pretty streets and comfortable paths, with innumerable farms and many large, wealthy, neat villages; lush meadows cover the valley floors and magnificent evergreen forests and open moorlands cover the rocks and mountains; a thousand fresh springs converge into streams, lakes, and rivers; and clean, refreshing air with a balmy touch gently breezes by him."

When visitors and locals are asked what fascinates them about the Black Forest, they tend to mention this kind of natural idyll, which many see as the opposite of modernity, of a high-tech, anti-nature, and even anti-human world. Back to nature, back to the primitive – this romanticized longing is often connected to the Black Forest. Such a desire is not wrong, but there is a serious misunderstanding underlying its premise. The Black Forest as we know and love it today is only truly primitive in very few spots. Humans have had a big impact on the landscape.

This insight may be sobering at first, but it is also comforting and reassuring. The Black Forest shows us that the oft-noted opposition between humans and nature is not always the case. It shows us that humans can get along with nature and even be its ally – and that, in the best case, such a partnership can create something useful and appealing. But the Black Forest also shows us how thin the line is that we must walk if we want to shape a man-made landscape in a positive sense. It shows us how much caution and respect we must have if we do not want to lose nature as our partner. A glance at the history of the Black Forest is enough to see how many mistakes have already been made on this path, which has certainly not been easy. Humans have been able to correct many of the mistakes, but we are still capable of repeating them and making new ones. We hope that the photographs in this book will help people continue to discover the Black Forest with admiration and respect, in both the present and the future.

Geography

The Black Forest is Germany's largest low mountain range. It is roughly three times as long as it is wide – over 150 kilometers from north to south, with a width ranging from 30 to 60 kilometers. In fact, it is not easy to define the exact limits. To the south and west, the Black Forest drops sharply as it approaches the Rhine, but in some spots to the north and east, it merges imperceptibly into the neighboring landscapes, such as the Kraichgau and Baar regions. This wedge shape has geological causes. About 50 million years ago, the region we now call the Black Forest and the Vosges Mountains rose as a massif; the Upper Rhine Plain formed 25 million years later. The Vosges, which you can see from the western edge of the Black Forest on clear days, are the Black Forest's twin mountain range in a way, although they have a very different character today.

The Black Forest is not only the largest but also the highest low mountain range in Germany. Feldberg, the highest point in the Black Forest and, therefore, the highest mountain in Germany outside of the Alps, falls just seven meters short of the 1,500-meter mark. About 100 peaks are higher than 1,000 meters, with the most impressive in the south. Many consider Belchen, at 1,414 meters the third highest point in the Black Forest after Feldberg and Herzogenhorn, to be the most beautiful. Belchen's bare summit makes visitors think of a monk's tonsure and provides a great view in any direction. You can also see spectacular views from the peaks right on the steep western edge, such as the 1,284-meter Schauinsland near Freiburg and the 1,165-meter Hochblauen between Badenweiler and Kandern. At 1,241 meters, Kandel is a striking mountain in the middle of the Black Forest, an area that is generally lower than the north and the south.

In fact, the Black Forest is generally divided up into northern, central, and southern areas; few talk about just the north and south. Even though this division is not very precise or standardized, it is still a good one, for both geographical and cultural reasons. After all, the Black Forest is not at all the homogenous landscape that many, especially from afar, think of it as. The southern area comes closest to the cliché of the romantic Black Forest gently shifting from meadow to forest. Very roughly, this area is south of a diagonal running from Emmendingen in the west to Waldshut in the southeast. The central Black Forest, a primeval landscape with many narrow valleys, is a strip whose middle is a line going approximately from Offenburg to Villingen-Schwenningen. A line from Baden-Baden south to Freudenstadt roughly draws the border with the northern Black Forest. There, the Black Forest best fulfills the promise of its name with large swaths of forest; the highest summit is Hornisgrinde at 1,164 meters.

The northern area also sees the most precipitation of the low mountain range, while the south is somewhat protected by the Vosges. But water is an important element everywhere in the Black Forest, whether in the many streams and rivers that, together with trees and crags, form attractive landscapes or in ponds and lakes. Ice Age glaciers created most of the bodies of water, but the largest, the Schluchsee in the southern Black Forest, has humans to thank for its current shape. The lake, which is seven kilometers long but just a few hundred meters wide, is a reservoir used to create electricity with hydropower.

Although the Black Forest has plenty of modern conveniences now, the settlements and infrastructure still demonstrate the challenging conditions that have always faced people trying to live in the area. Even today, it is not very easy to move between the north and the south of the Black Forest, while the east-west axes are much more developed. If you're on foot, however, you can take advantage of some very attractive trails to discover the length of the Black Forest. In fact, the 280-kilometer Westweg from Pforzheim to Basel is considered one of Germany's most beautiful hiking trails.

By central European standards, the Black Forest is still a sparsely populated area. Larger cities, such as Pforzheim, Karlsruhe, Offenburg, Freiburg, Lörrach, and Villingen-Schwenningen, can only be found at the edges of the mountain range. And although the Black Forest is entirely in the state of Baden-Württemberg, you would most likely be committing a faux pas (although it's not as dramatic these days) if you call someone from the area a Swabian – only a small part in the east is in Württemberg, which includes Swabia, while most of the Black Forest is in the region of Baden.

History

Anyone who looks into the history of the Black Forest will notice that the twists and turns of politics don't play a big role. Only rarely – such as in 1848, when it served as the route for the revolutionary Friedrich Hecker, who was defeated in a battle near Kandern – was the sparsely populated low mountain range the site of events that could be considered part of "great" history. The Black Forest's history is, first and foremost, an economic history – a history that demonstrates how the "little" people survived in this area that, for millennia, was generally viewed as barren. But it would be wrong to simply call the Black Forest a "poor" area. In fact, the region had and still has quite a few treasures – but they have not simply fallen into people's laps. Those living in the area had to expend quite a lot of energy to wrest the riches from nature. Many of the images that exemplify today's romanticism of the Black Forest have their roots in this great conflict. The typical Black Forest farms, for example, developed to allow for the most efficient agriculture possible and protect against wind and weather.

At the same time, once people figured out how to get what they wanted from nature, they were often rewarded beyond their initial estimates. One example is mining – already in the Neolithic Age, people knew that the mountains were hiding something valuable. The first efforts were limited to the edge of the Black Forest, such as at the Isteiner Klotz, a ridge near Istein, or in Sulzburg, where Stone Age people dug for jasper, flint, and hematite. Later, however, people ventured farther into the region, in particular to work with ore deposits. Silver brought prosperity to many towns while also demonstrating that ecological problems are not a recent phenomenon. Mining in the Black Forest reached its peak between the 11th and 13th centuries. Countless trees were felled to reach the buried treasure, and rivers were contaminated with heavy metals because of leaching in the mines. The effects are still being felt today – just a few years ago, it became widely known that lead, arsenic, and other poisonous metals contaminate the soil in such Black Forest valleys as Münstertal and Gutachtal. The authorities have since begun looking into the issue and are making sure that the ecological sins of the Middle Ages don't create health problems for people today.

The prosperity from mining didn't last forever. The mines in the Black Forest became less and less profitable, especially once the New World was discovered with its incredible bounty of raw materials – an early example of the downsides of globalization. The last resource to be found under the Black Forest was uranium; in 1991, a mine in Menzenschwand closed that had provided 100,000 tons of uranium ore.

Even more important in the Black Forest's history is the riches found not below the soil but above it: wood.

When the Romans came to the area, they found a forest that was, while seemingly impenetrable, not at all black, but rather varying shades of green – a mixed forest. Through the following centuries, the forest, which seemed at first to be an endless source of raw materials, was mercilessly used up. The wood was needed for the mines, glass-blowing, charcoal burners' huts, and last but not least, construction. The Black Forest rafts, for example those from the Kinzigtal area, became famous, piloted by strong and fearless journeymen who brought the trunks from the forest as far as the Netherlands, where they were used in foundations and other structures. Some say that half of Amsterdam is built on Black Forest lumber.

The exploitation of nature was truly merciless. By the end of the 18th century, historians estimate that only ten percent of the Black Forest still had trees and bushes. In the mid-19th century, the authorities finally put a stop to the situation and started large-scale afforestation projects. For quick success, the foresters at the time chose fast-growing trees, especially spruces – hence today's largely coniferous Black Forest. Modern forestry is handling afforestation and reforestation much more intelligently, without relying on unimaginative monocultures. But now there are new challenges. After the acid rain in the 1980s brought the possibility of the forest's disappearance that much closer to reality, global warming is now the main concern, with its bark beetle plagues and extreme weather causing forestry experts to think seriously about the future of the forest. Indeed, future generations will no doubt have a different Black Forest than the one we know now in the early 21st century.

The farmers, who even today face many more challenges than their colleagues on level ground, have also made a large impact on the image of this area. The long winters at such high altitudes meant the farmers did not have work for a good part of the year. They needed other sources of income and thus developed artisan skills, especially in clock-making. A renowned tradition grew over the centuries from humble beginnings and continues today, especially in precision mechanics. The image of resourceful tinkerers in southwestern Germany is thanks in part to residents of the Black Forest.

Industry on a large scale, however, never managed to de-velop here. Many residents of the area first achieved modest prosperity when they realized that exploiting nature was not the only way to make money – they could also make it available to others for rest and relaxation. Outsiders have been coming to the area for a short time relative to the Black Forest's long history – there has only been organized tourism for about one hundred years – but they have been a very important part of that history. The Black Forest continues to benefit from the fact that it is appealing year round. It became a rewarding destination for winter sports in the late 19th century, when they were still in their infancy. In terms of winter sports in Germany, the Black Forest has won out over the Alps because it doesn't seem as daunting. One of the true centers is Todtnau, where the first German ski club was founded in 1891.

Two factors contributed to the increase in tourism in the Black Forest: the modern industrial society made enough people rich enough to afford vacations, and infrastructure was improved. The invention of the railroad made it possible to bring large numbers of people here. The Schwarzwaldbahn railroad route from Offenburg to Singen started up in 1873, and the Höllentalbahn – an impressive feat of engineering even by today's standards – was inaugurated in 1887. Individual transport arrived after World War II and increased quickly. The excitement over cars at the time may seem excessive today, even to die-hard auto enthusiasts. There are photographs from the 1950s and 60s of long lines of cars crawling along the roads of the Black Forest at a walking pace. The 1950s also saw the beginning of the golden age for group tours from companies such as Hummel and Touropa, which inspired a dramatic increase in hotel capacity.

Here, too, expectations were exceeded, but Black Forest tourism went through a serious crisis in the 1980s. Germans were increasingly going to other countries for vacation, and vacation apartments and campgrounds were growing in popularity. About 900 hotels were forced to close during this time. The situation only improved again after Germany's reunification; tourism in the Black Forest had a record year in 1991 with more than 21 million over-night stays. Since then, the figures for over-night stays have fluctuated at a high level, between 18 and 19 million per year. But those in the tourism business in the Black Forest have to do a lot more now to keep the figures in that range, since trip length has steadily decreased. While guests stayed an average of 6.8 days in 1975, today they only stay three days. It is also more and more difficult to make forecasts and organize as tourists become more spontaneous and demanding. So far, however, tourism in the Black Forest has found an answer to every challenge, sooner or later.

The Present

Humans have had an immense impact on the landscape of the Black Forest. After all, even though some areas seem to be mostly untouched, this low mountain range is located in one of the most densely populated regions on earth. People and nature have to get along. In our high-tech world, it often seems as though nature can't do much to defend itself – but occasionally it throws a tough punch. In December 1999, a windstorm named Lothar moved through the Black Forest with incredibly destructive consequences that are still visible today in some spots. The German Wikipedia page for Lothar succinctly states that it left behind the "worst damage from a storm in recent European history." Experts are worried that global warming could lead to more extreme storms at these latitudes.

But a glance at history shows that it doesn't make sense to long for the good old days. Humans have made many significant changes to the Black Forest, and its appearance today is most likely much more appealing than in previous centuries. The most recent major crisis, however, was not so long ago. Vacation apartments were being sold at low prices in the 1980s because owners were worried that the Black Forest would soon be a forest in name only. Acid rain and forest dieback were threatening the forest's very existence – a situation we can hardly imagine today, just 30 years later. But just because we avoided such a large-scale catastrophe does not mean that everything is smooth sailing now. The forest is still sick, as annual forest damage assessments report, although hardly any attention is paid to them in public discourse. Large amounts of money are spent every year on liming trees to counter acidity.

And the Black Forest is facing a number of new challenges. One focus is the future of the Black Forest's rich agricultural tradition. The structure of the agricultural operations here and, especially, the region's difficult topography and harsh climate at higher altitudes are significant competitive drawbacks in the increasingly tough global battle for food production. Farmers in northern Germany can produce milk at much more affordable prices than their colleagues in the Black Forest. Many have already given up in the last few decades – a situation that has in turn created new problems, and not just economic ones. The Black Forest is now facing a challenge that may at first seem strange to outsiders: not too little forest, as has so often been the case in the past, but perhaps too much forest in the near future. Preserving the landscape is one of the hottest debates in the Black Forest right now, since farmers, after all, do not just produce food but also maintain their land – a task for which they receive funding from public coffers, making their lives a bit less difficult.

Without functioning agriculture, the Black Forest would change radically and, many fear, for the worse. But there are reasons to hope. Many farmers in the Black

Forest have realized that they simply are not competitive in the mass production sector. Ecologically responsible food production with a focus on quality is on the rise. Many farmers are directly marketing their products, which is often cheaper and allows them to immediately react to customers' wishes. Many farmers are also finding interesting niches that provide a living and allow them to continue working. The star farm animal in the Black Forest is the goat, which is right at home on the tough terrain – now, more Germans just have to learn that goat cheese can also be quite exquisite.

Farmers are also increasingly turning to energy as a source of sustainable income, although, of course, this development is far from uncontroversial, as well. In principle, the Black Forest is an energy paradise, since all of the important forms of renewable power and heat generation can be implemented here. The forest provides wood for firewood, wood chips, and pellets; the bodies of water are suitable for many types of hydropower systems; the wind on the peaks is strong enough for turbines; and there is enough sunshine to justify installing solar panels. Such ideal conditions are leading some communities in the Black Forest to dream of becoming autonomous in terms of energy thanks to a supply that not only does without fossil fuels and nuclear power but also creates structures for becoming independent from centralized, monopolistic energy sources.

But these types of energy have their own problems – they come at the price of changing the landscape. This is an especially hot topic for wind power, which, after a change in the state government and years of hurdles from conservative politicians, is now on the path to expanding quickly. But how do the turbines fit into the idyllic scenery? Many fear they will be a blight on the landscape, while others believe that careful site selection for the turbines could in fact create additional aesthetic appeal. An important factor in the adoption of this energy form is whether the value created by wind power remains in the region or is snatched up again by big corporations.

In many parts of the Black Forest, demographic change and decreasing population figures mean that it may be difficult to maintain infrastructure in the future. Many worry that if stores, schools, artisan businesses, and doctor's offices close, migration to cities will increase drastically. At the same time, at the edge of the Black Forest, especially in the Rheintal area but also in some of the valleys with good infrastructure, the temptation to use up land on a large scale is great. The Upper Rhine Plain lies in the Blue Banana, a narrow strip of urbanization from the south of England through central Europe to northern Italy with, according to many experts, great economic strength and dynamic development. A one-size-fits-all idea of growth still seems to be seen positively in business, as can be seen in the Breisgau and Markgräfler areas, where industrial and residential areas are still popping up in large numbers. But more and more people are becoming concerned about this development and wondering whether it will really be good in the long run. Discussions about land use and development plans, which used to be conducted by mayors and city councils without much public interest, are now taking place in public forums with involvement from citizen movements and other interested parties.

Tourism, an essential sector for the Black Forest, is also the source of much debate. How can you convince people to visit who want more than fresh air and beautiful hiking trails? One example of the debates arising from this question is a discussion about a new parking structure planned for Feldberg. Traffic can be quite chaotic on some winter days on Feldberg, an attractive destination for those interested in winter sports. Community leaders wanted to alleviate the situation with a parking garage built into the mountain. Critics decried the millions that would be spent on something that would be practically empty most of the year and have a negative impact on the natural environment. In fact, Feldberg is often the source of controversy. On beautiful winter weekends, the mountain tends to have a "party hearty" atmosphere that has driven some local skiers to the Alps. At the same time, the guests looking to party in the Black Forest are a significant source of income. Climate change further complicates the whole situation. At the moment, Feldberg seems to be benefiting from global warming, since it still sees quite a lot of snow compared to other winter sports areas in the Black Forest – and when nature doesn't quite want to play along, snow machines are there to help.

Not the climate as a whole, but the weather was the starting point for a debate about another controversial tourism project, Badeparadies Schwarzwald, a water park and spa facility in Titisee. In Titisee and many other areas of the Black Forest, those in the tourism business were wondering what they could offer guests when the weather didn't allow hiking or biking. Unlike the parking garage on Feldberg, which will most likely never be built, Badeparadies is now a reality, but opinions are still divided on the reasoning behind the project and its construction. These are just a few examples of the many conflicts currently playing out in the region. Black-and-white thinking rarely helps in such situations. The most important consideration here is that people don't chase short-term profits while destroying the reasons people actually come to the Black Forest. Parking garages and pools can be built anywhere in the world, but the Black Forest landscape is one-of-a-kind.

That landscape can also be experienced in a calmer, quieter way. The Black Forest offers even more opportunities for cross-country skiing than downhill skiing, with well prepared tracks in many areas, as long as there is enough snow. Sports medicine experts consider cross-country skiing to be one of the most healthful sports, with Nordic walking a reasonable substitute in all seasons, even though some may find it more amusing than anything. And, of course, the Black Forest has excellent conditions for this popular sport, too.

But don't think that all hikers these days are using top-of-the-line poles. The younger generations are rediscovering the joys of traditional hiking, which can only have a positive effect on tourism in the Black Forest. As a healthy way to get around, bicycles have also been making an appearance for some time. The Black Forest is perfect for casual and racing cyclists, but especially for mountain bikers. Tourism experts have taken advantage of the excellent natural conditions in many areas and developed special trails and cyclist-friendly infrastructure. But for mountain biking, too, the "less is more" argument certainly applies. The temptation to shape nature with the goal of improving experiences has already led to some heated debates.

It's clear that every challenge has to be approached individually. The Black Forest's history certainly demonstrates that humans are able to learn from their mistakes, with treatment of the forest itself as a prime example. It is no exaggeration to say that the forestry scientists working in and for the Black Forest are among the most highly qualified in the world. Experts from around the world come here to learn more about sustainable forestry. In fact, that's exactly what the "sustainability" trend is all about. At its simplest, it means that we shouldn't take more from nature than it can replenish. To this end, the Black Forest could become a model for creating a compatible partnership between humans and nature even in modern societies. Despite the many challenges, the chances of success are looking good.

Buchenwald unterhalb des Kandelgipfels
Beech forest below the peak of Kandel

Seite 153: Der Belchen nach Sonnenuntergang
Page 153: Belchen after sunset

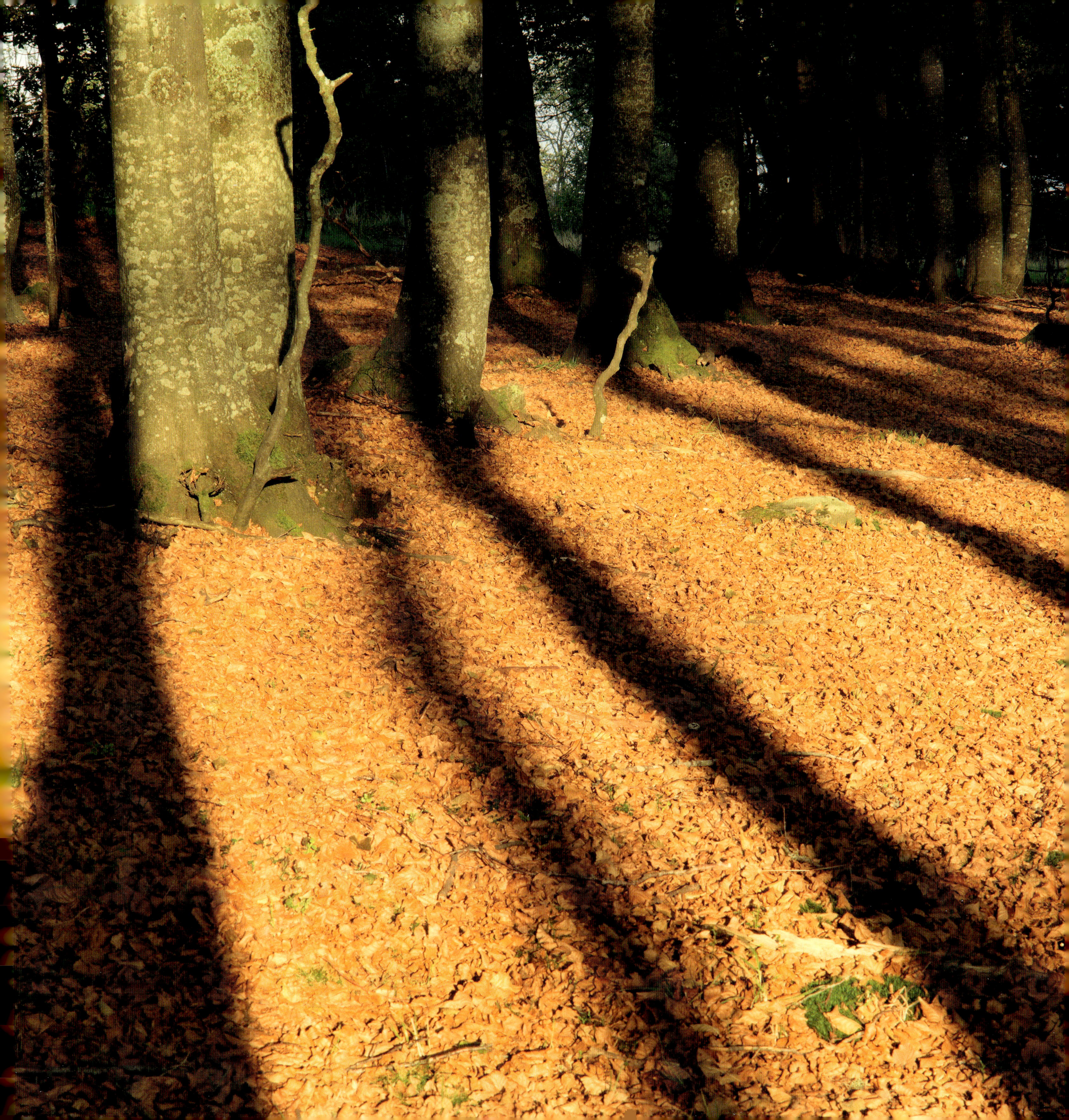

Gewitter über dem Dreisamtal
Storm over Dreisamtal

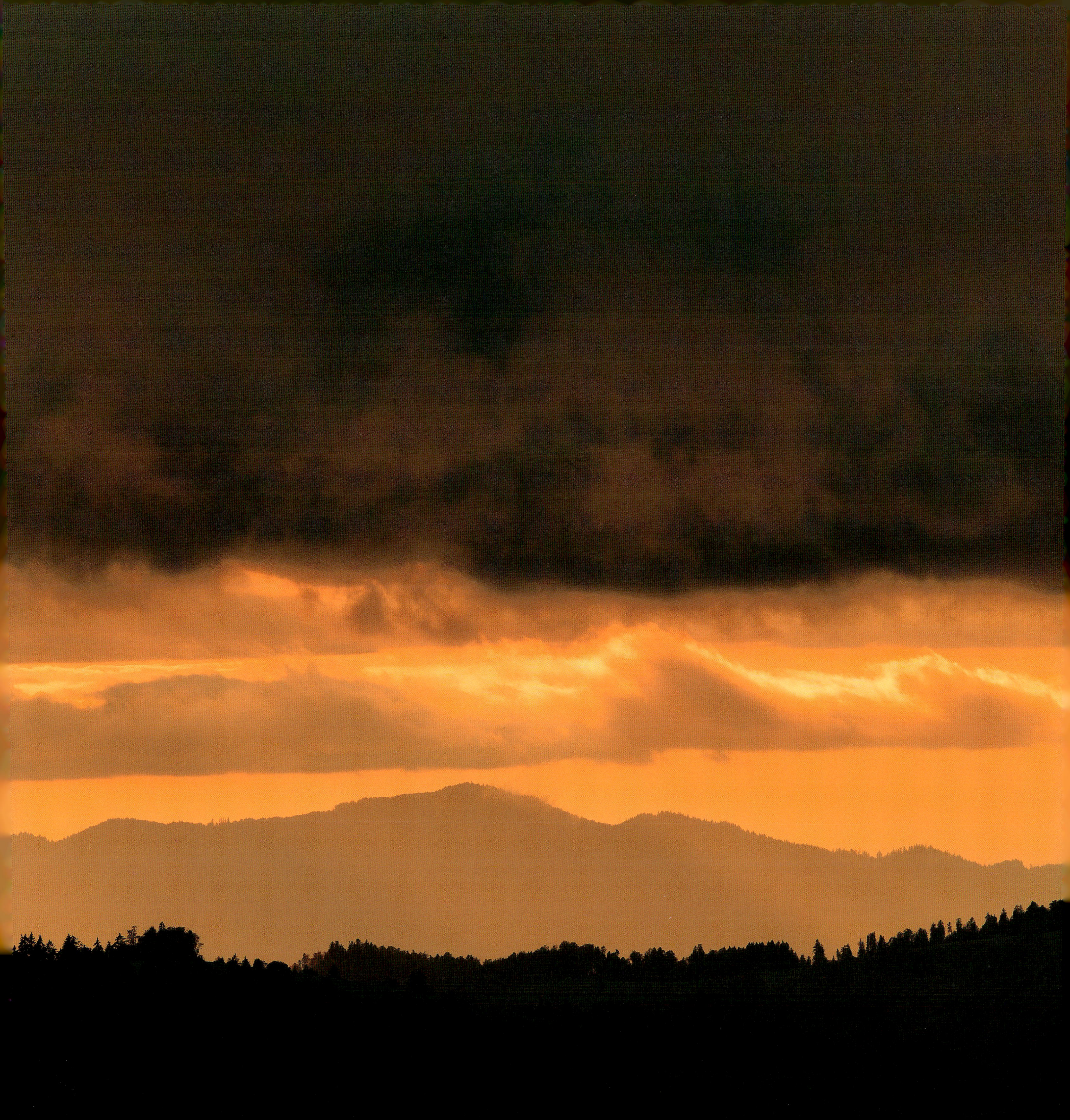

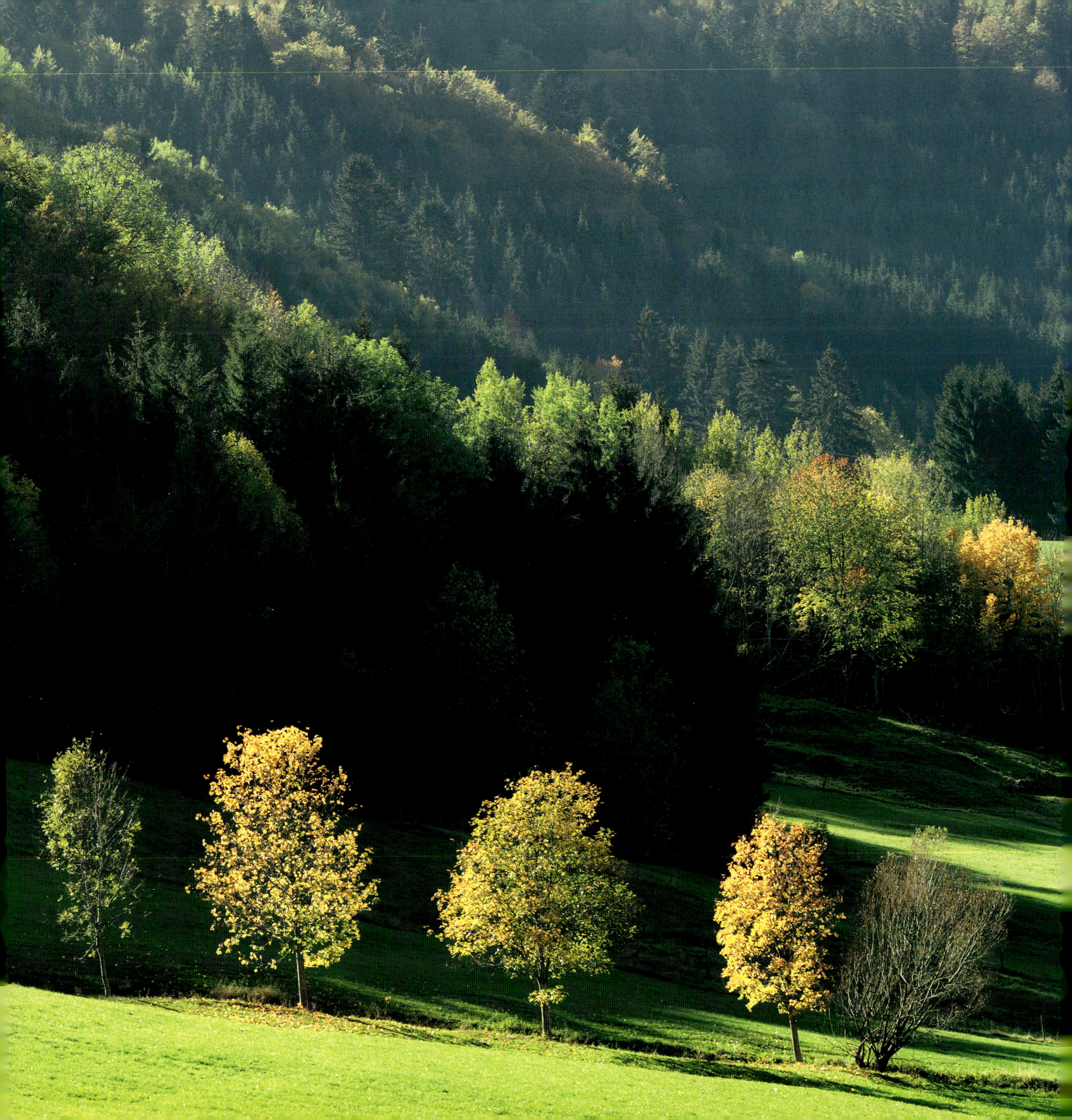

Zwischen Todtnau und Todtmoos
Between Todtnau and Todtmoos

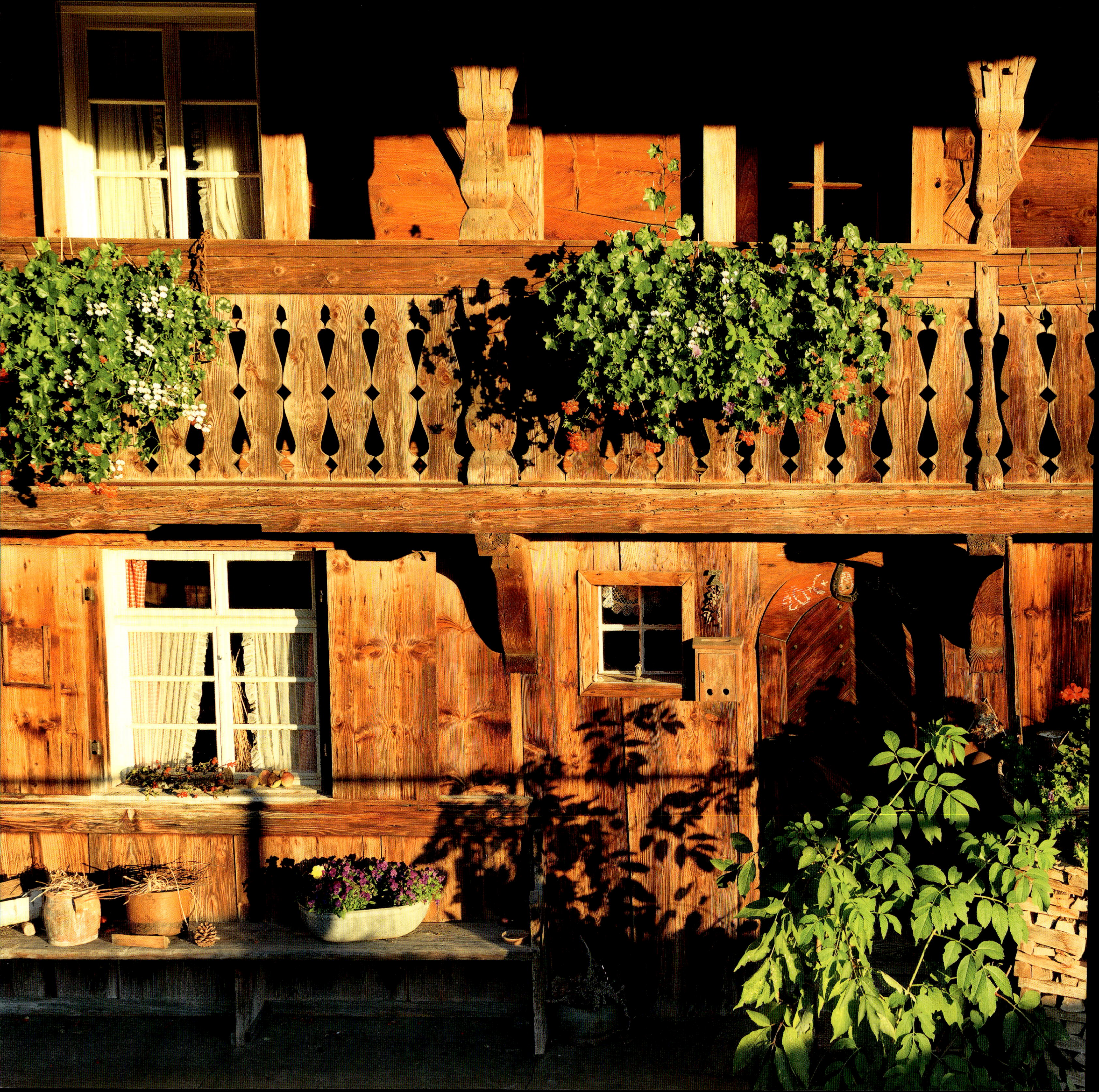

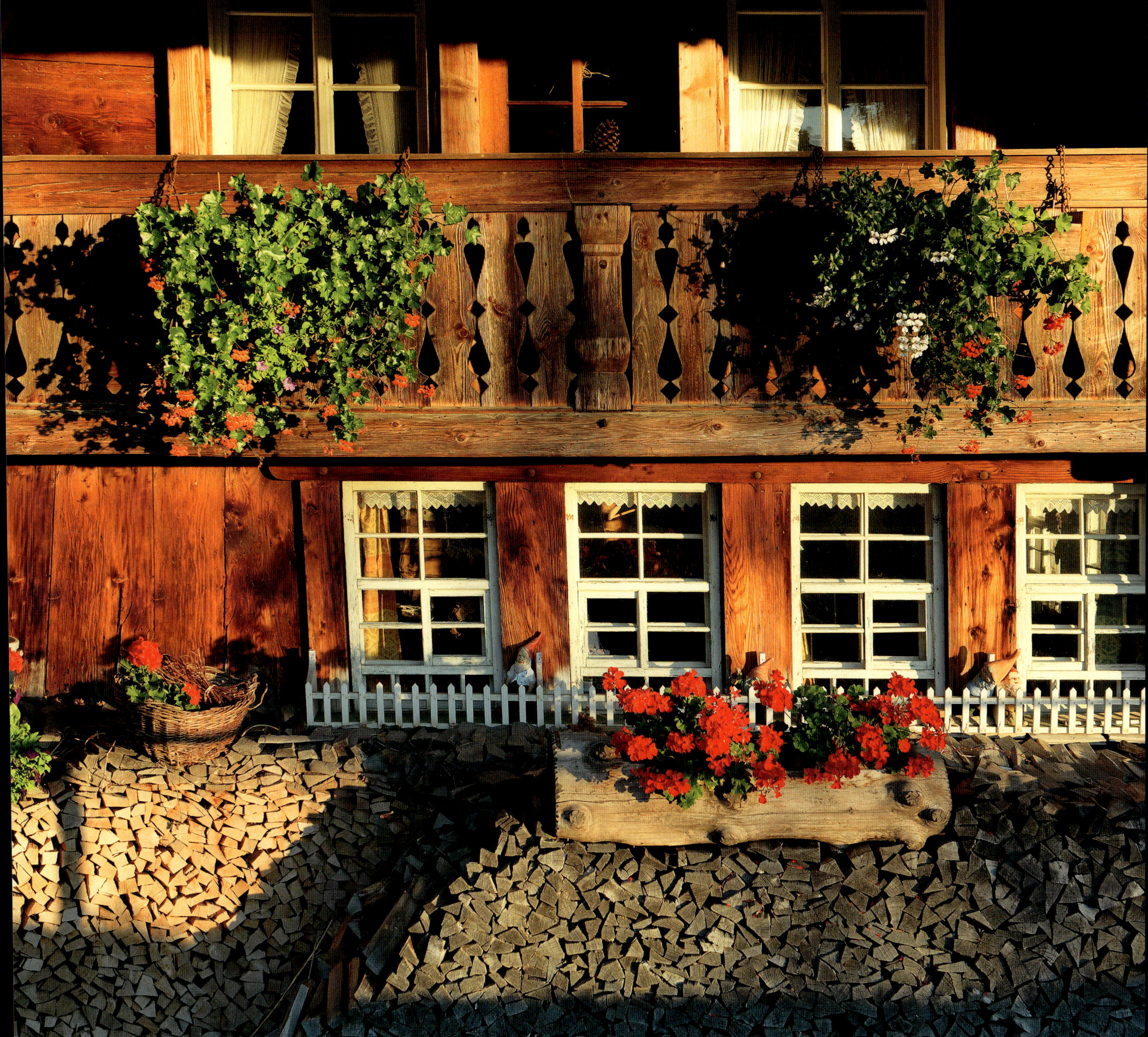

Am Schönberg bei Freiburg
On Schönberg, near Freiburg

Seite 160/161: Schwarzwaldhaus in Gschwend
Page 160/161: Black Forest house in Gschwend

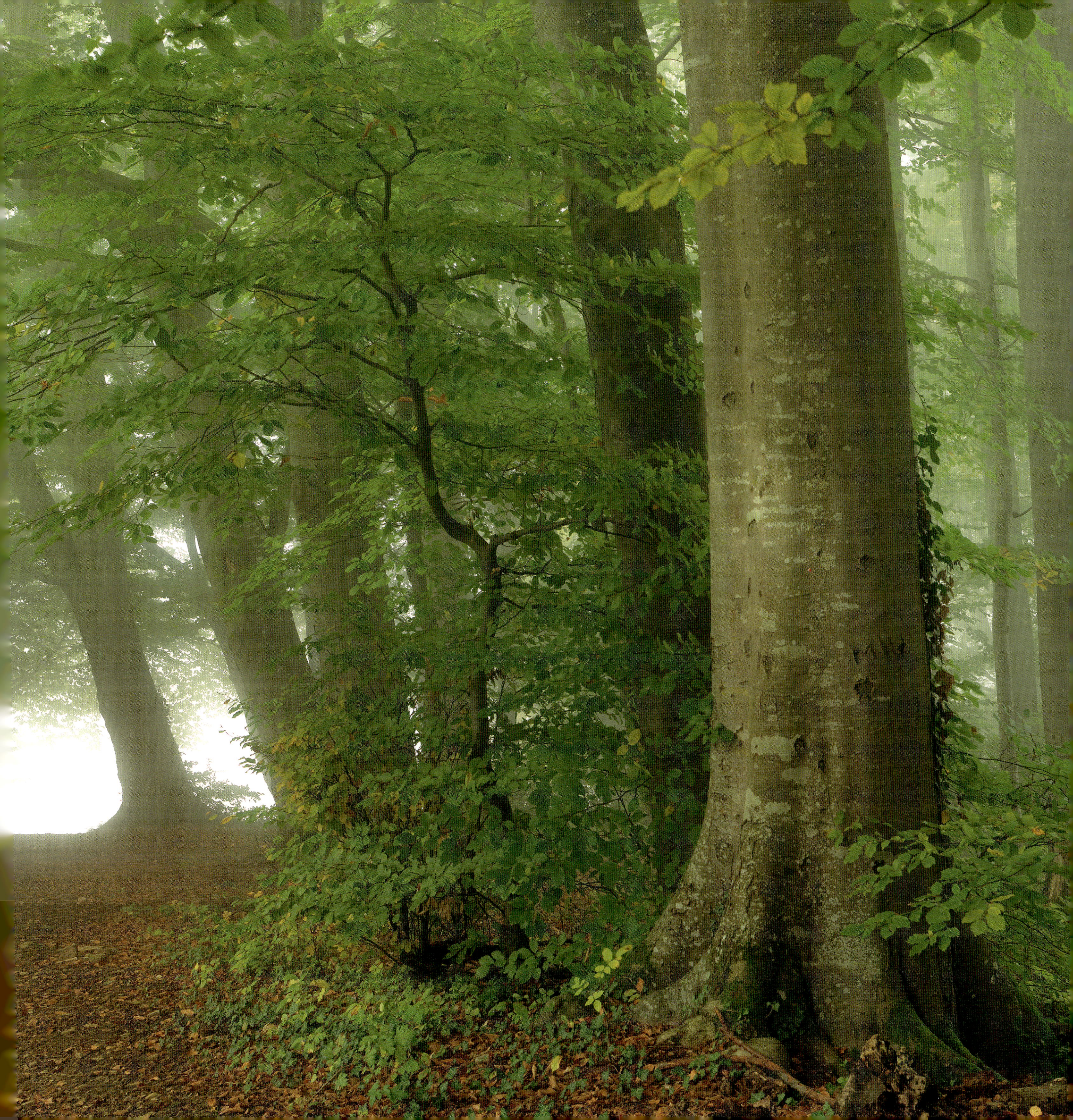

Bei Aftersteg
Near Aftersteg

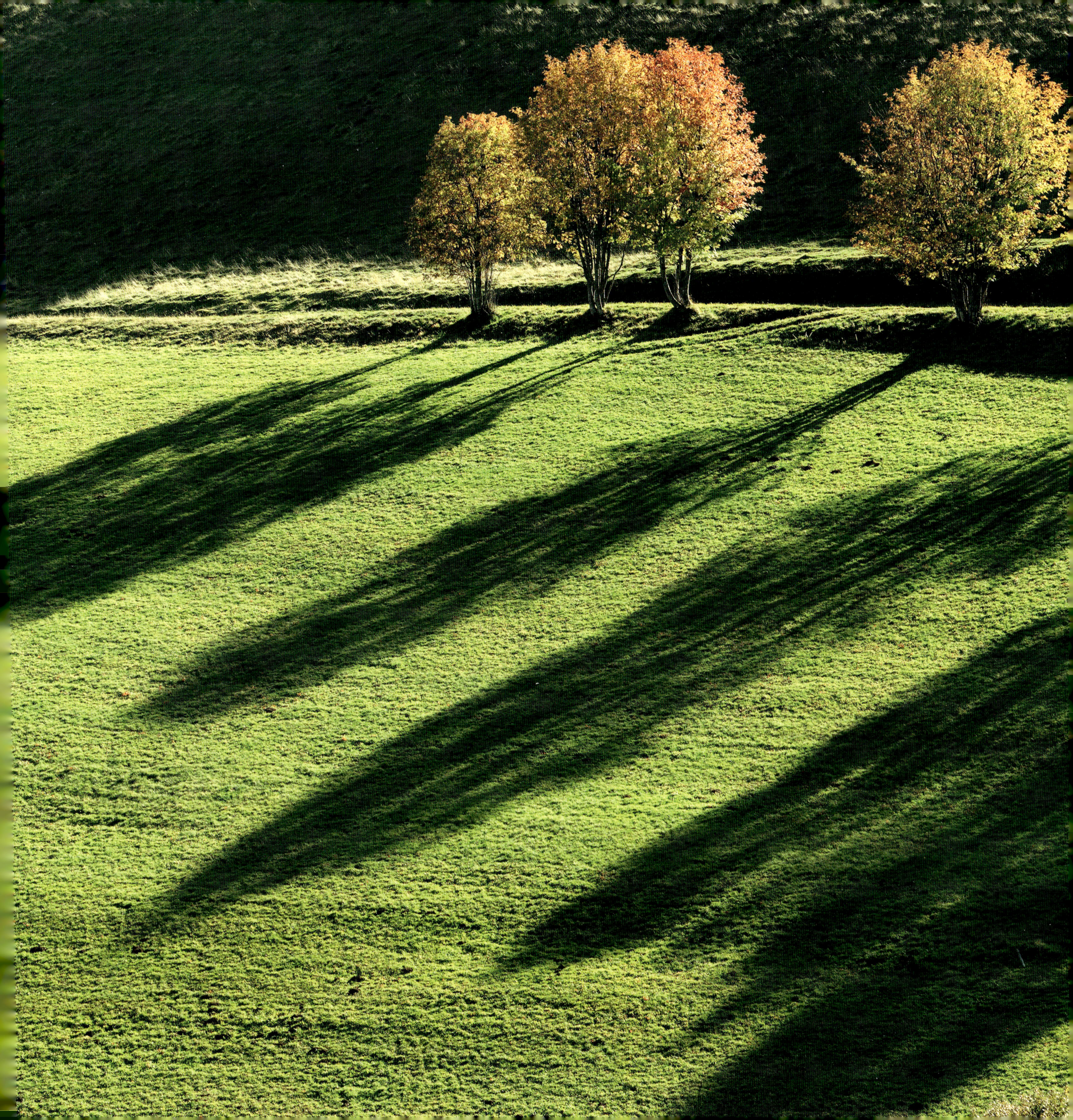

Seite 166 bis 169: Naturschutzgebiet Präg
Pages 166 to 169: Präg Nature Reserve

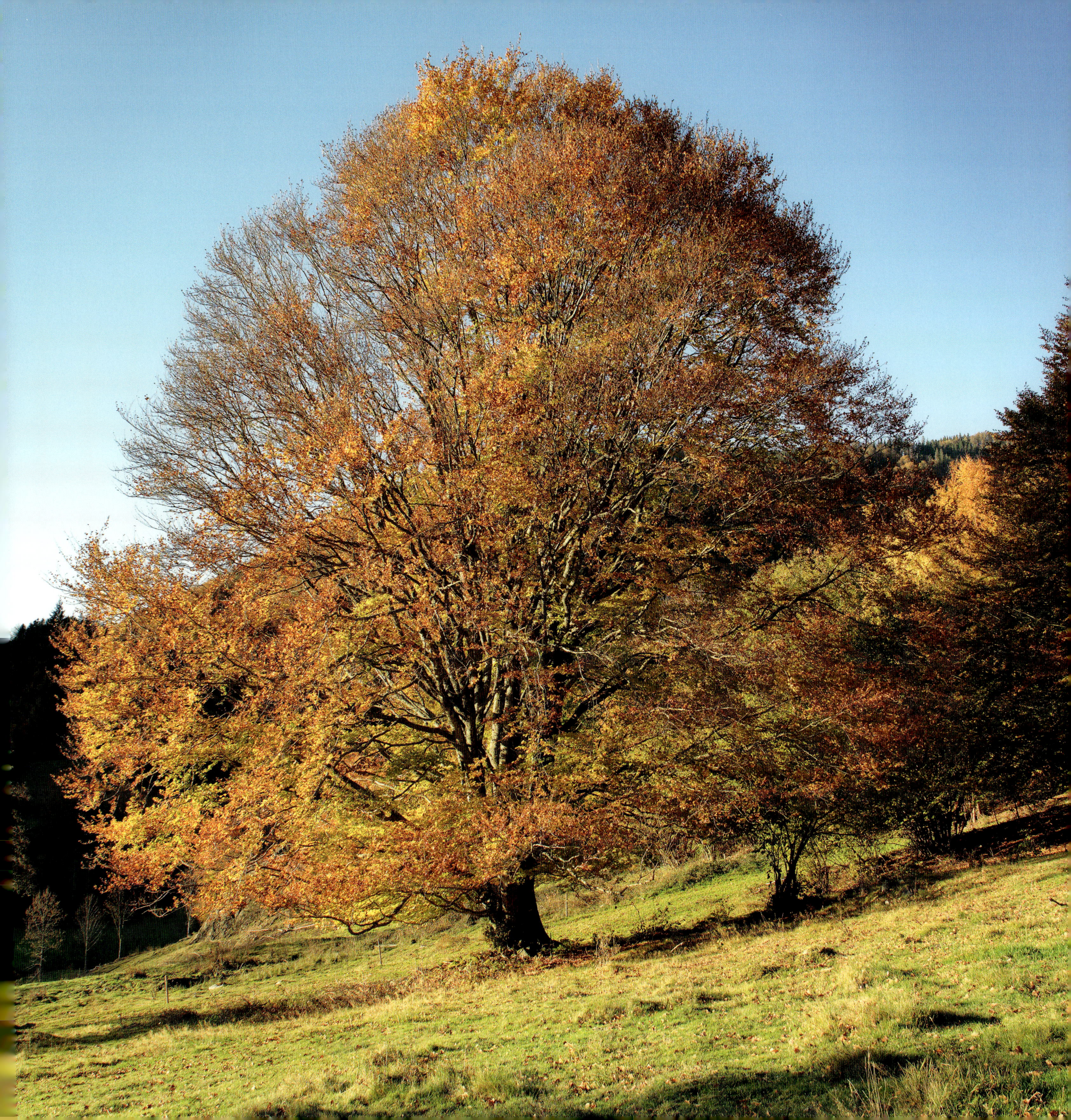

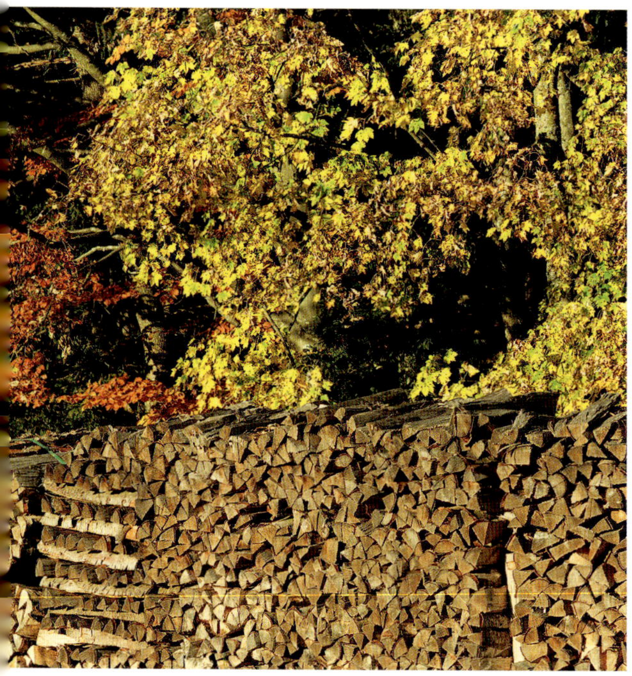
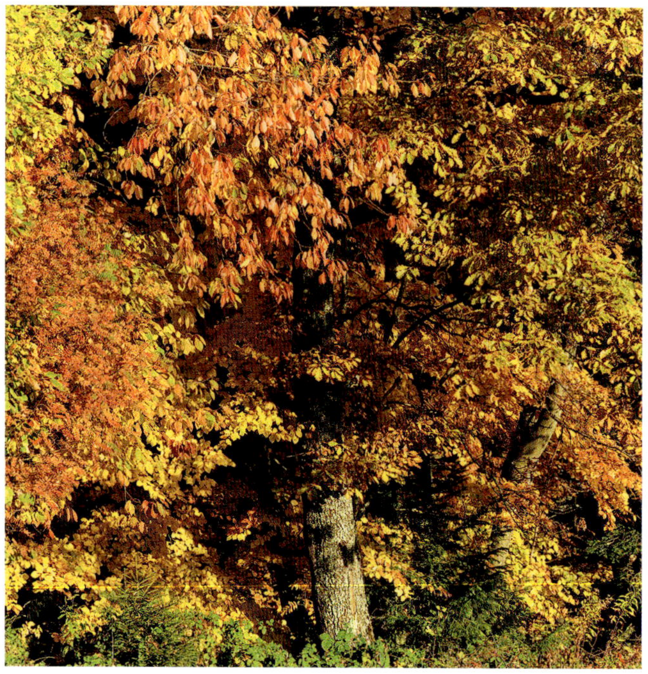
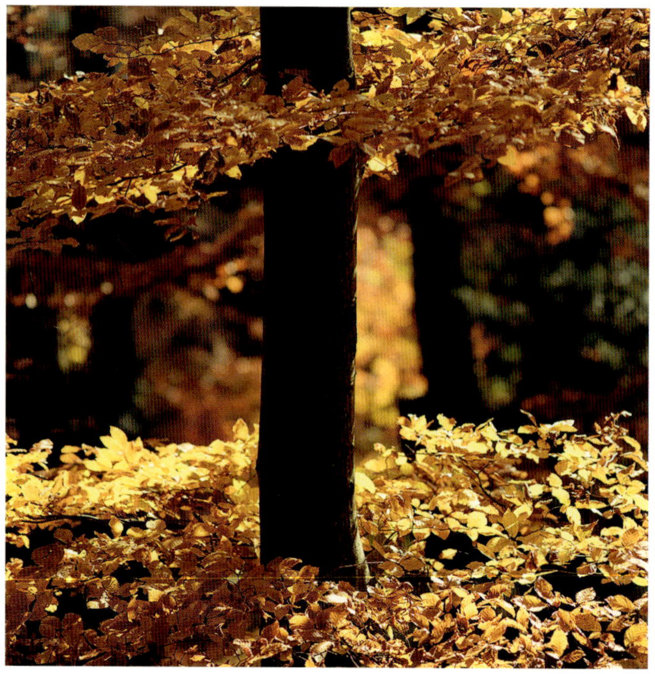

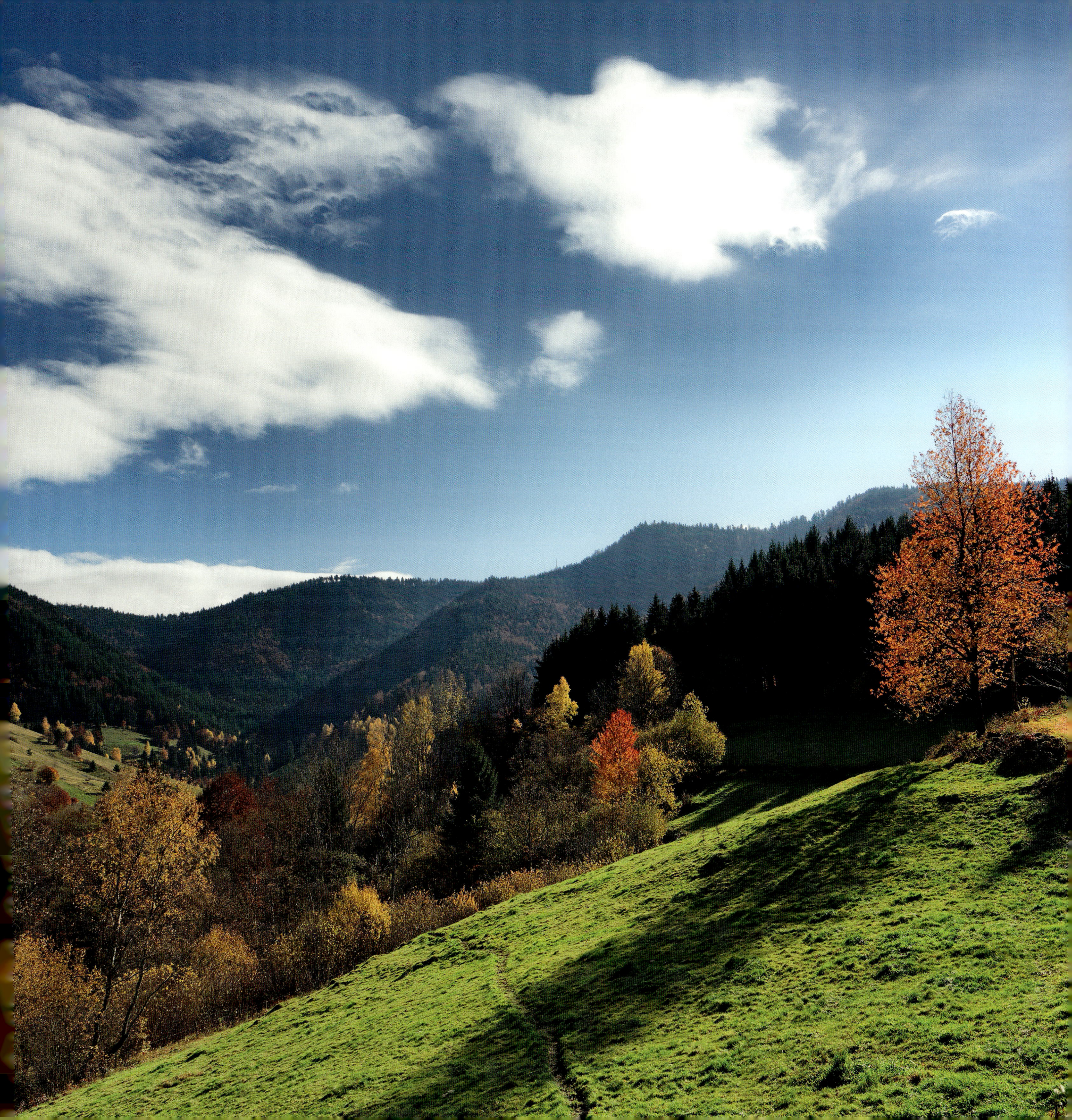

Im Hexental
In Hexental

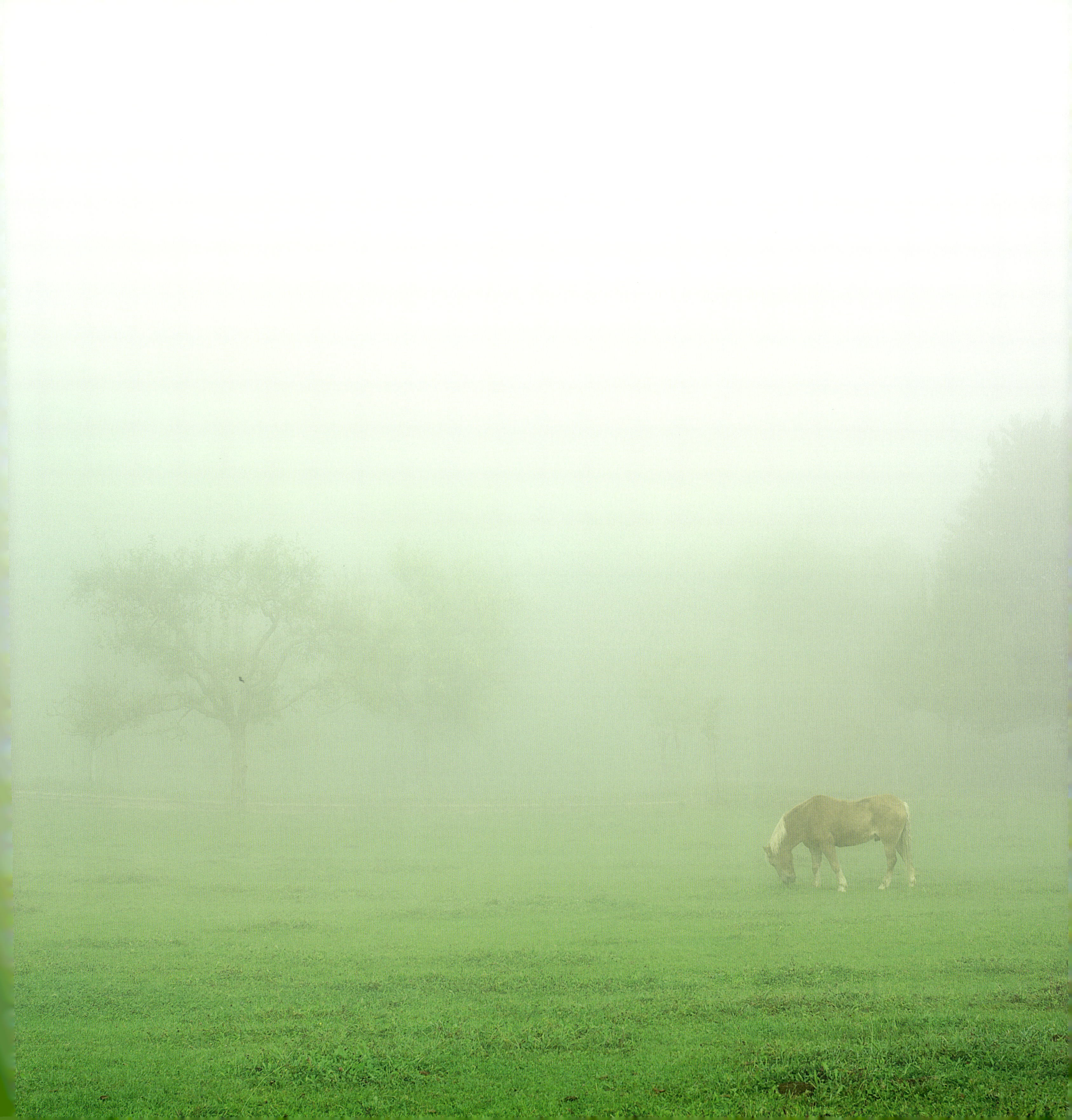

Gletscherkessel Präg
Glacier basin near Präg

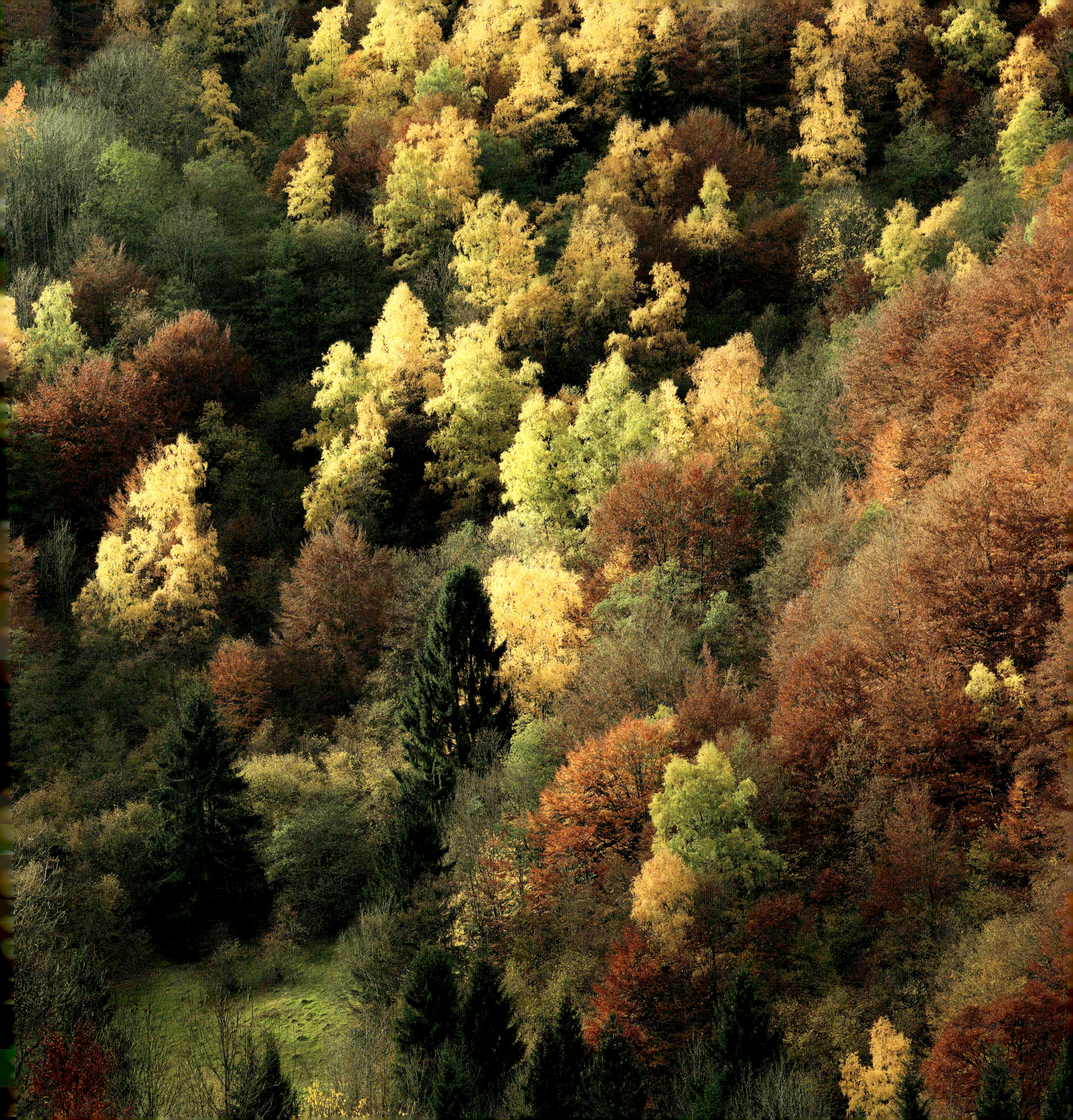

Im Dreisamtal
In Dreisamtal

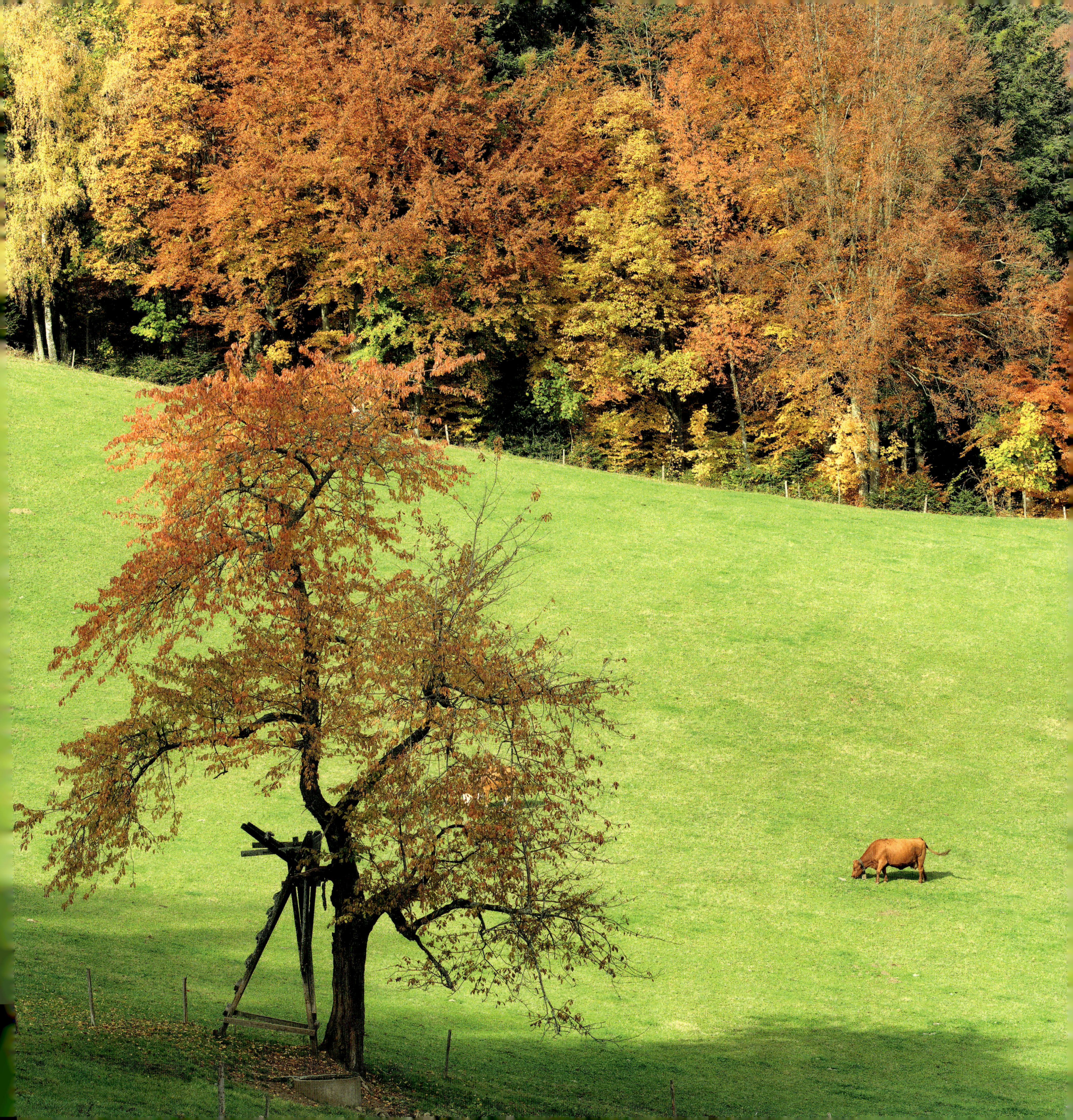

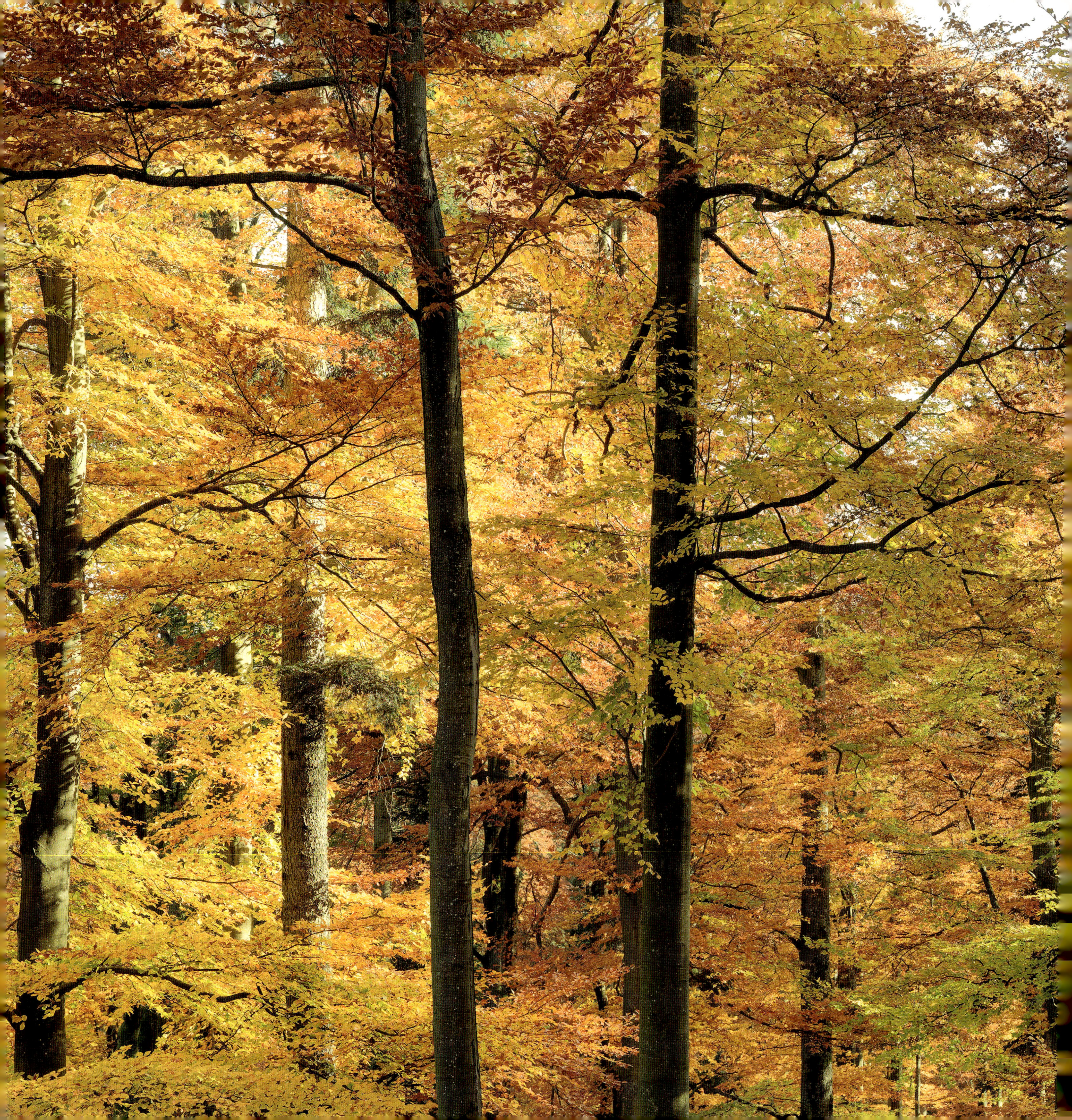

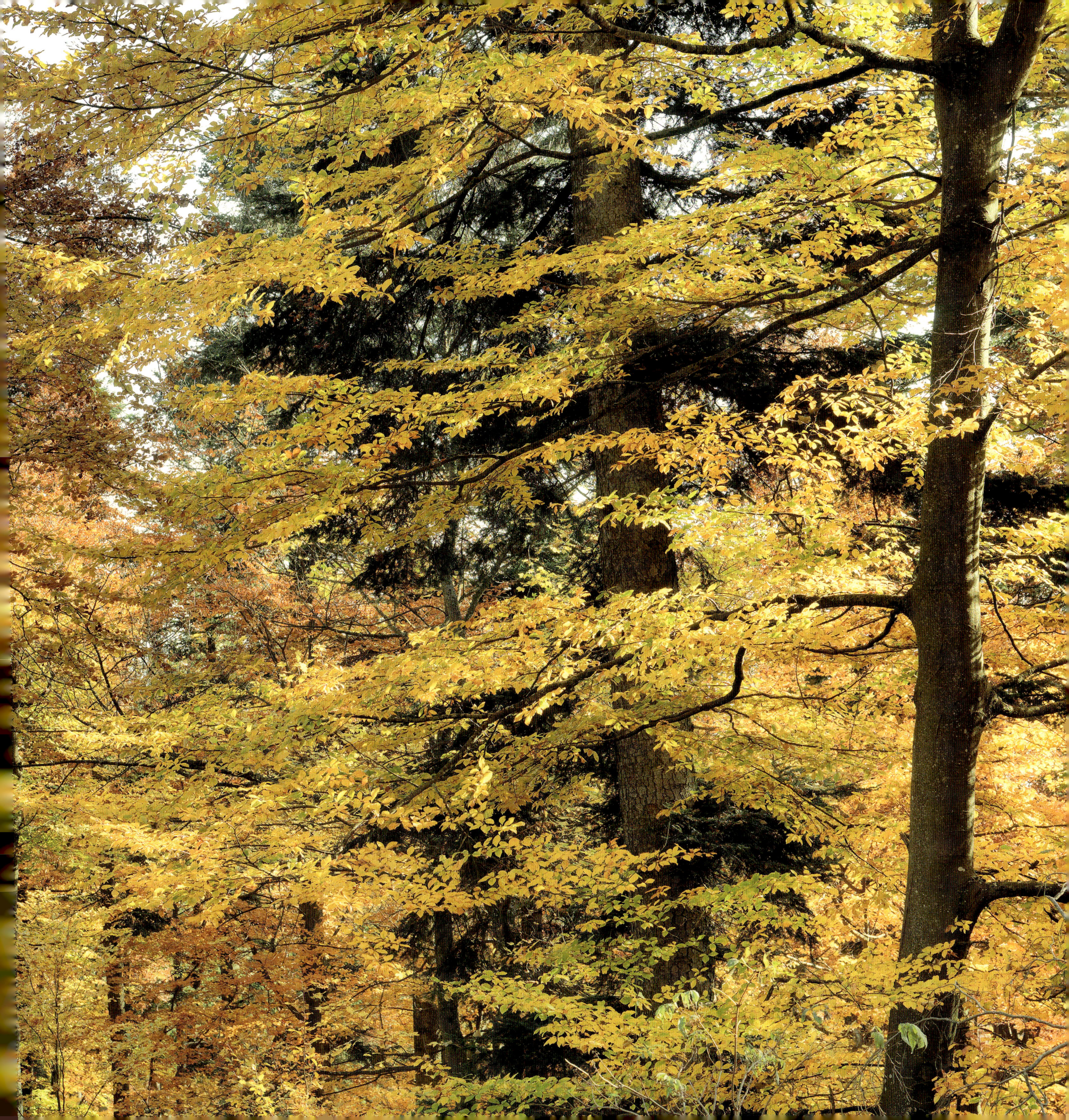

Zwischen Gieshübel und Stohren
Between Gieshübel and Stohren

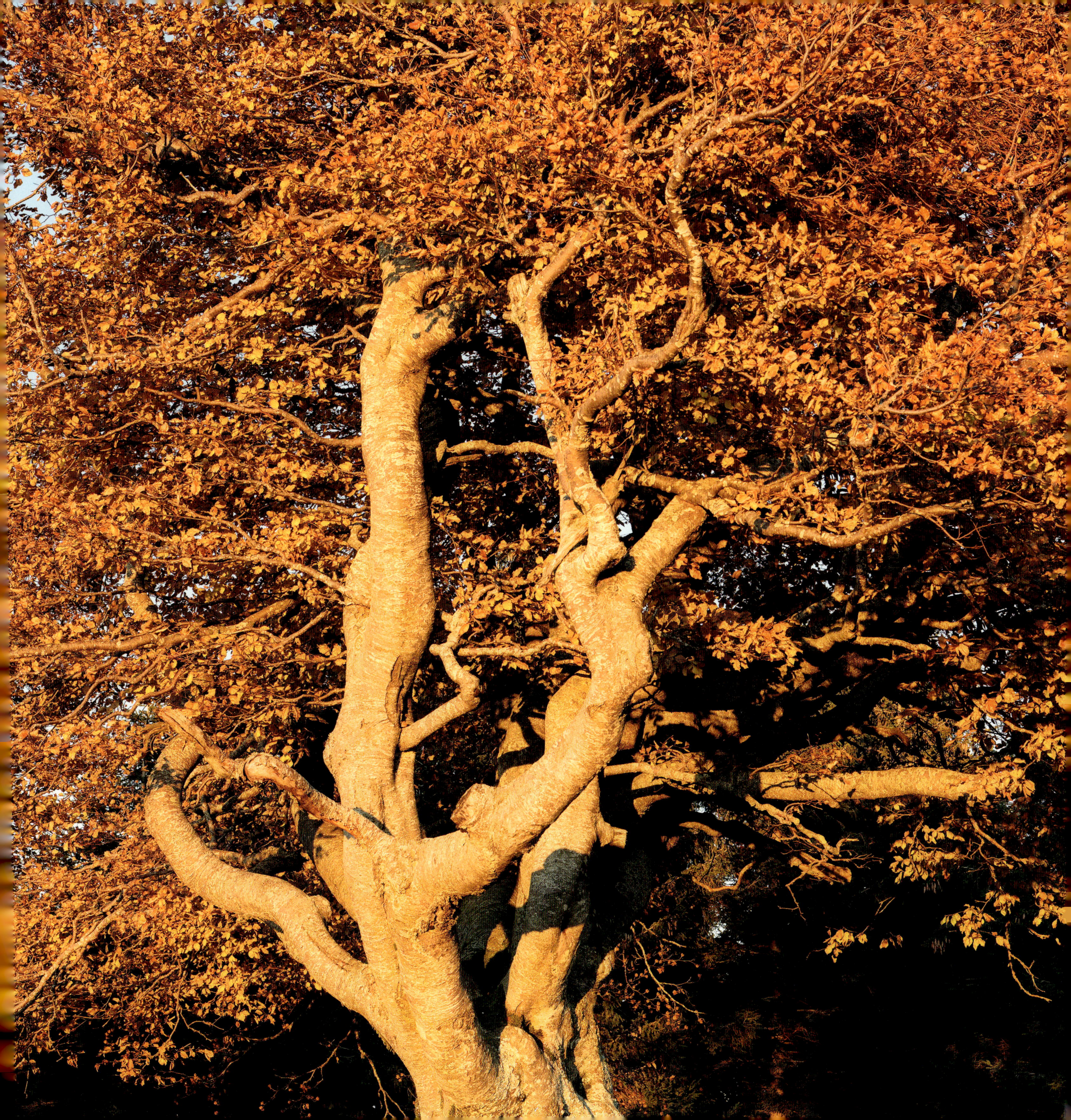

Kaiserbucht am Schluchsee
Kaiserbucht, a bay in Schluchsee

Rechte Seite: Blick über das Westufer des Schluchsees Richtung Äule
Right page: View over Schluchsee's western shore towards Äule

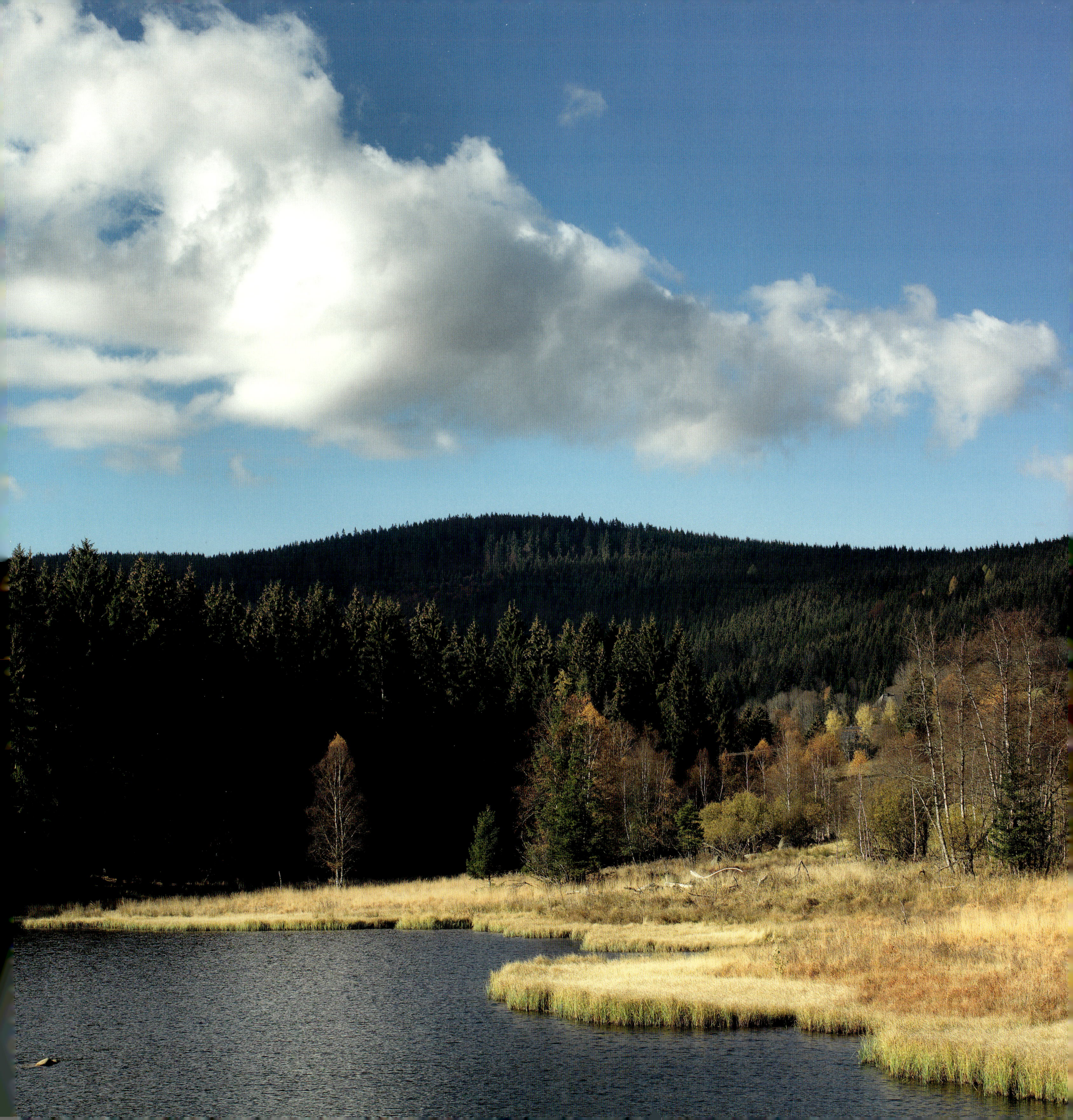

Am Windgfällweiher
On the shores of Windgfällweiher

Rechte Seite: Bei Lenzkirch
Right page: Near Lenzkirch

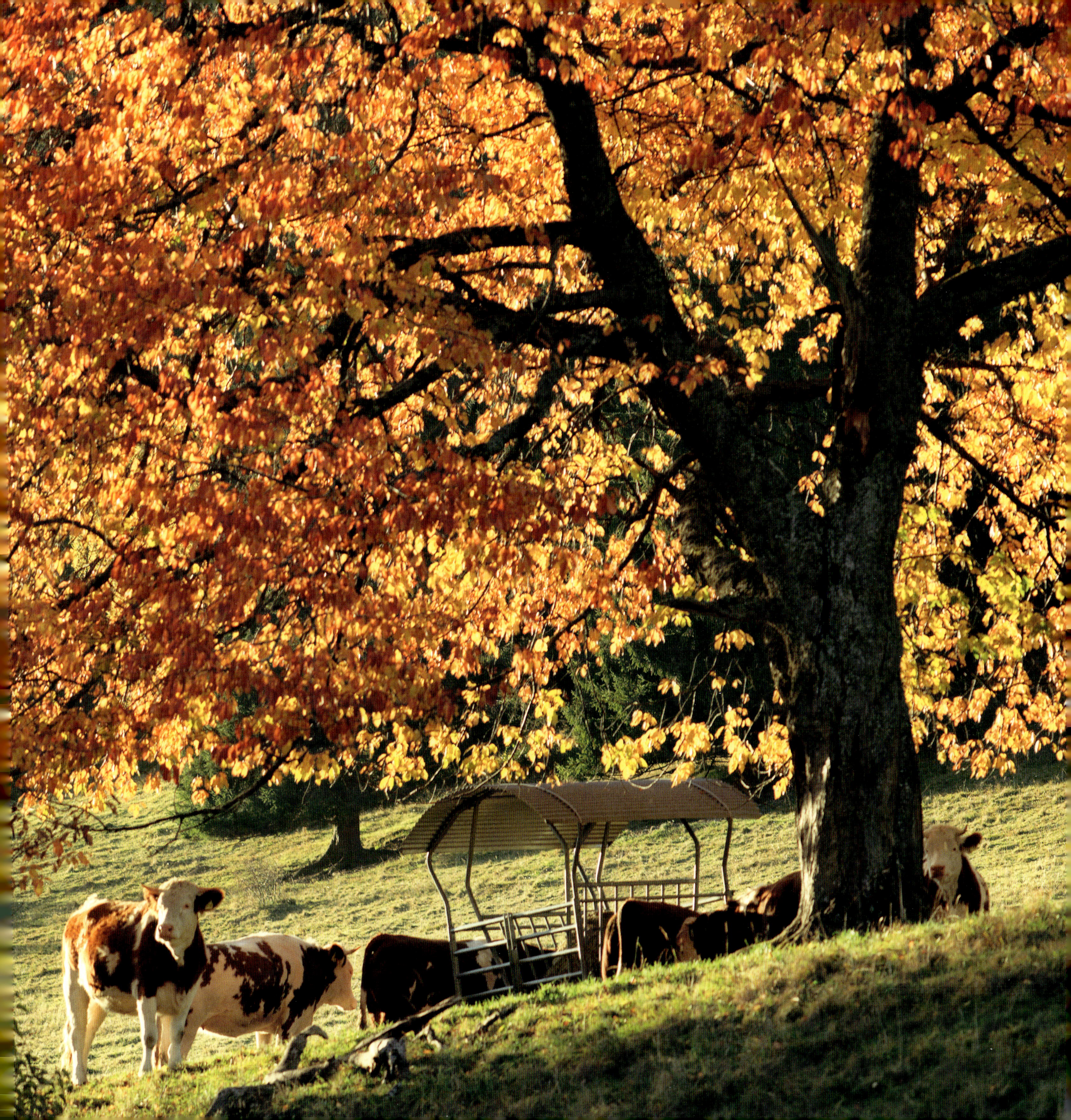

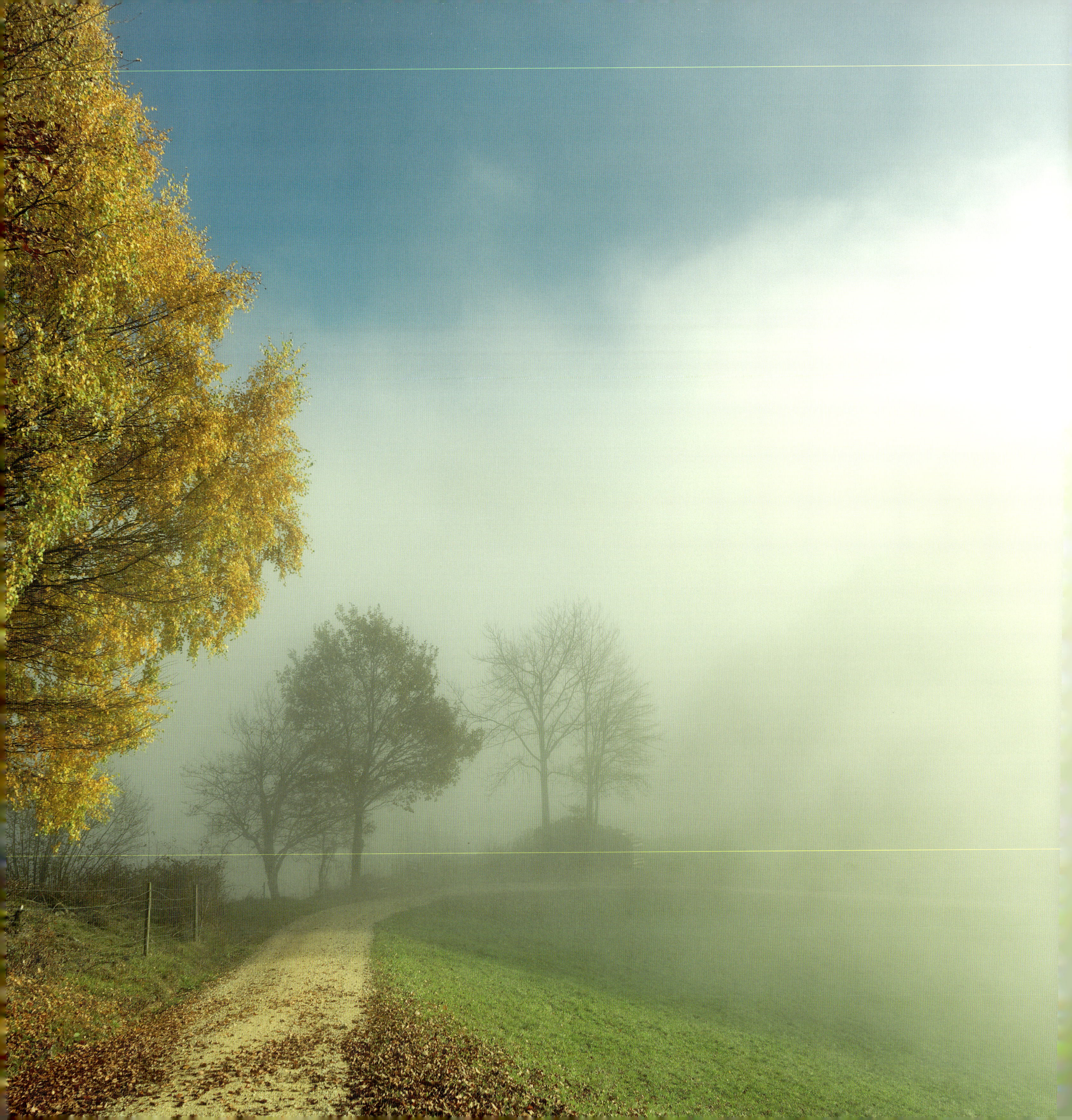

Oberes Münstertal
Upper Münstertal

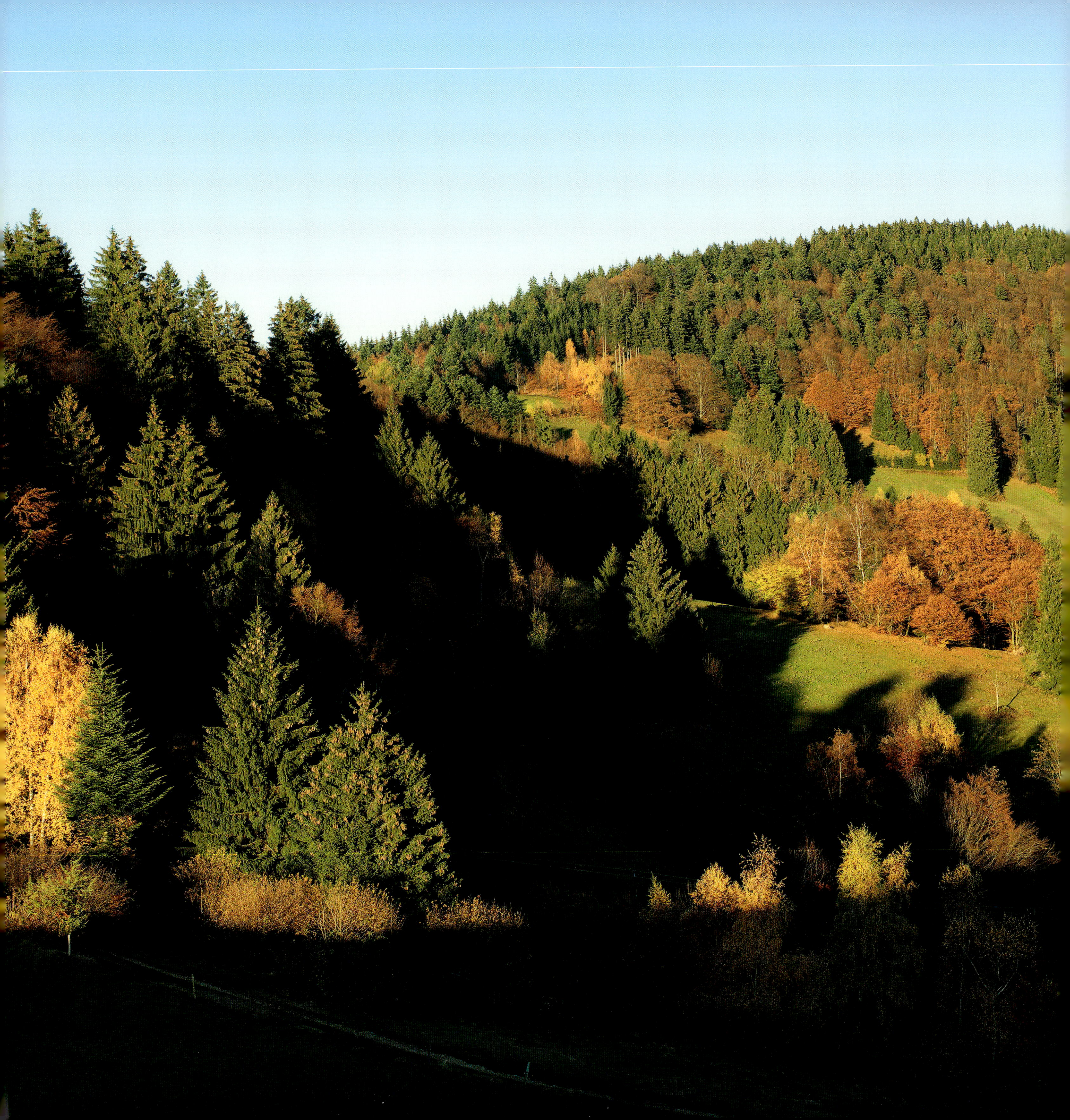

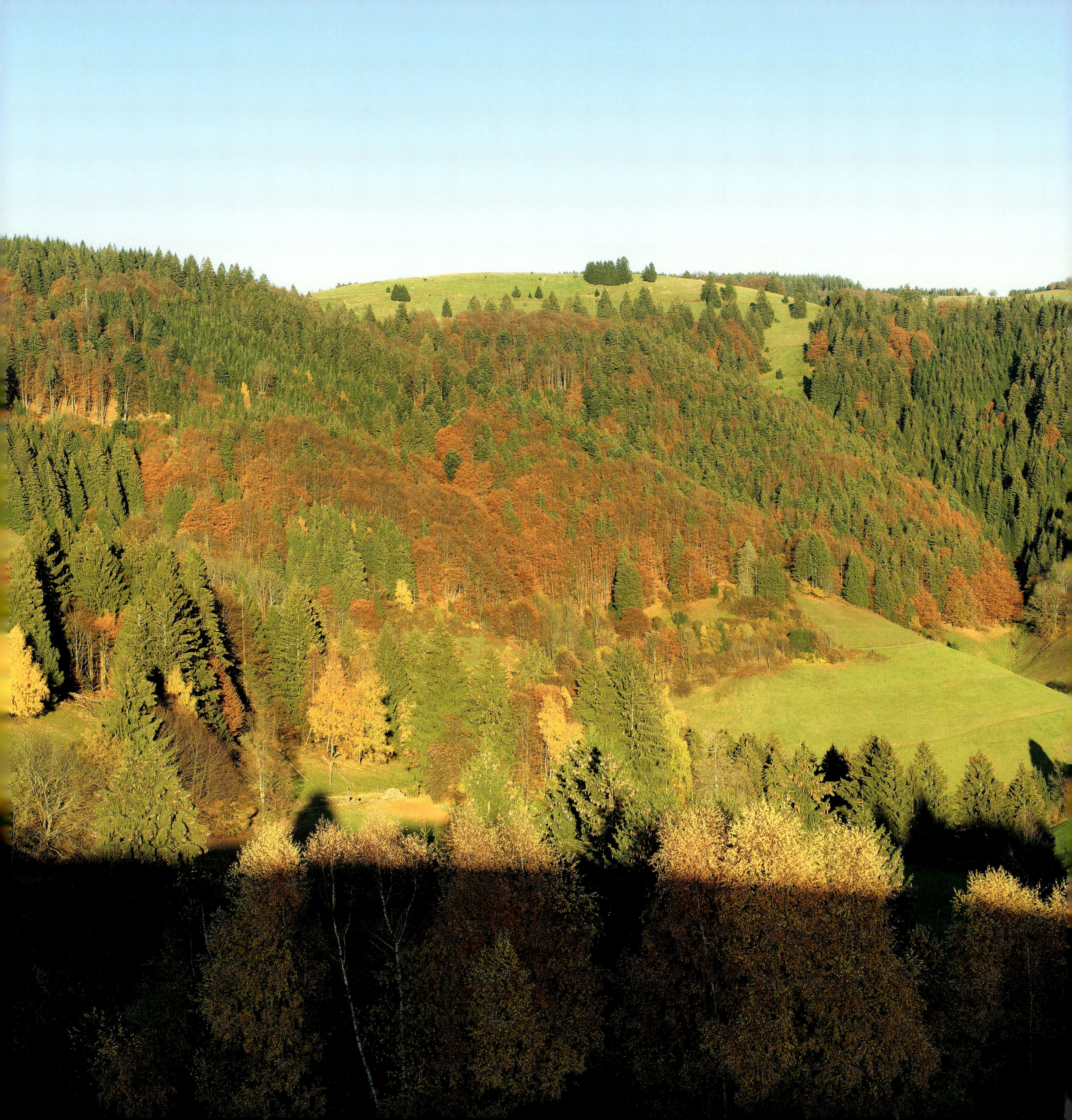

Blick in das Münstertal
View into Münstertal

Seite 186/187: Tote Mann zwischen Stollenbach und Feldberg
Page 186/187: Tote Mann between Stollenbach and Feldberg

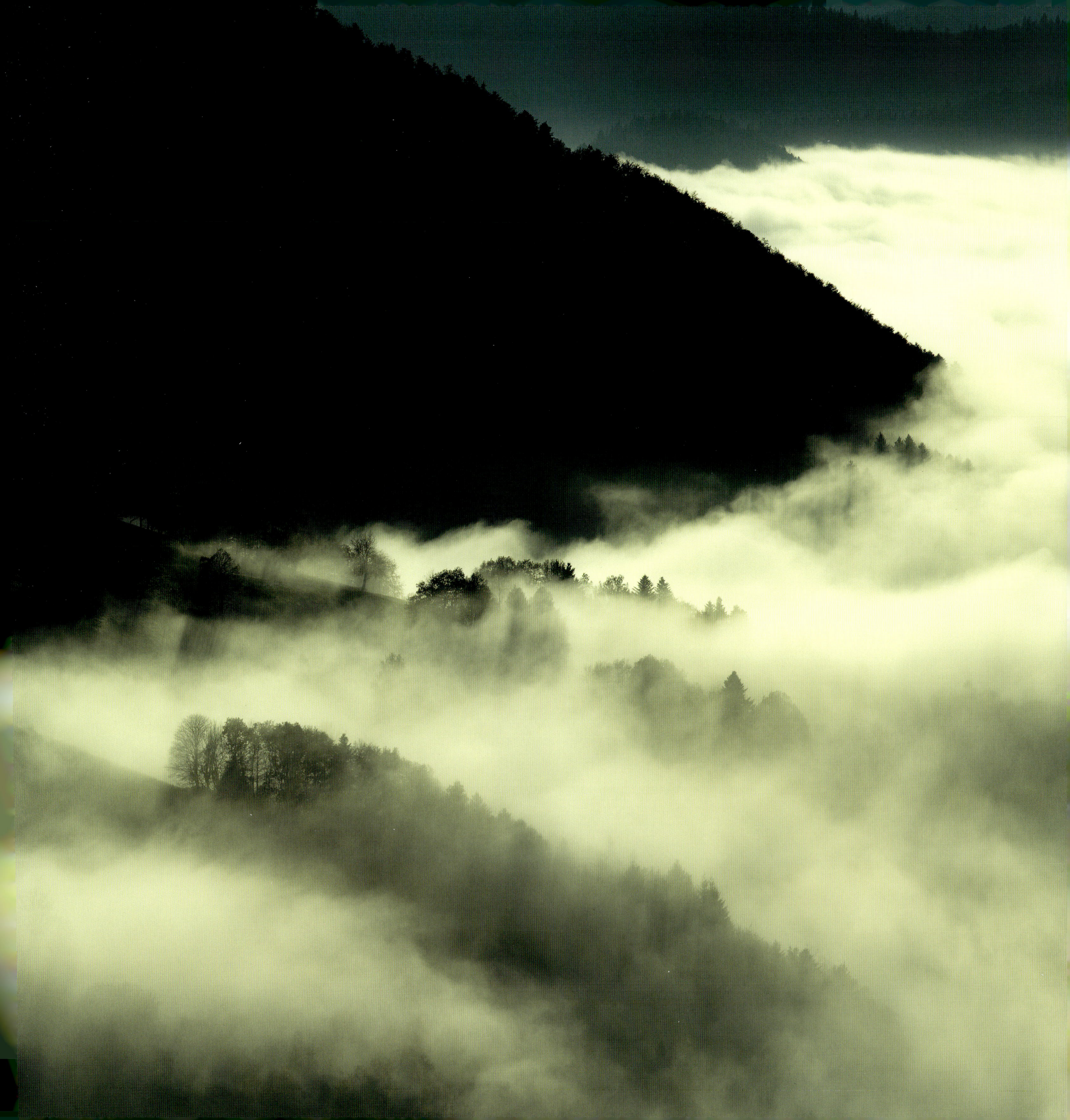

Novemberstimmung am Titisee
A November day on Titisee

Erster Schnee auf dem Kandel bei Waldkirch
The first snow on Kandel, near Waldkirch

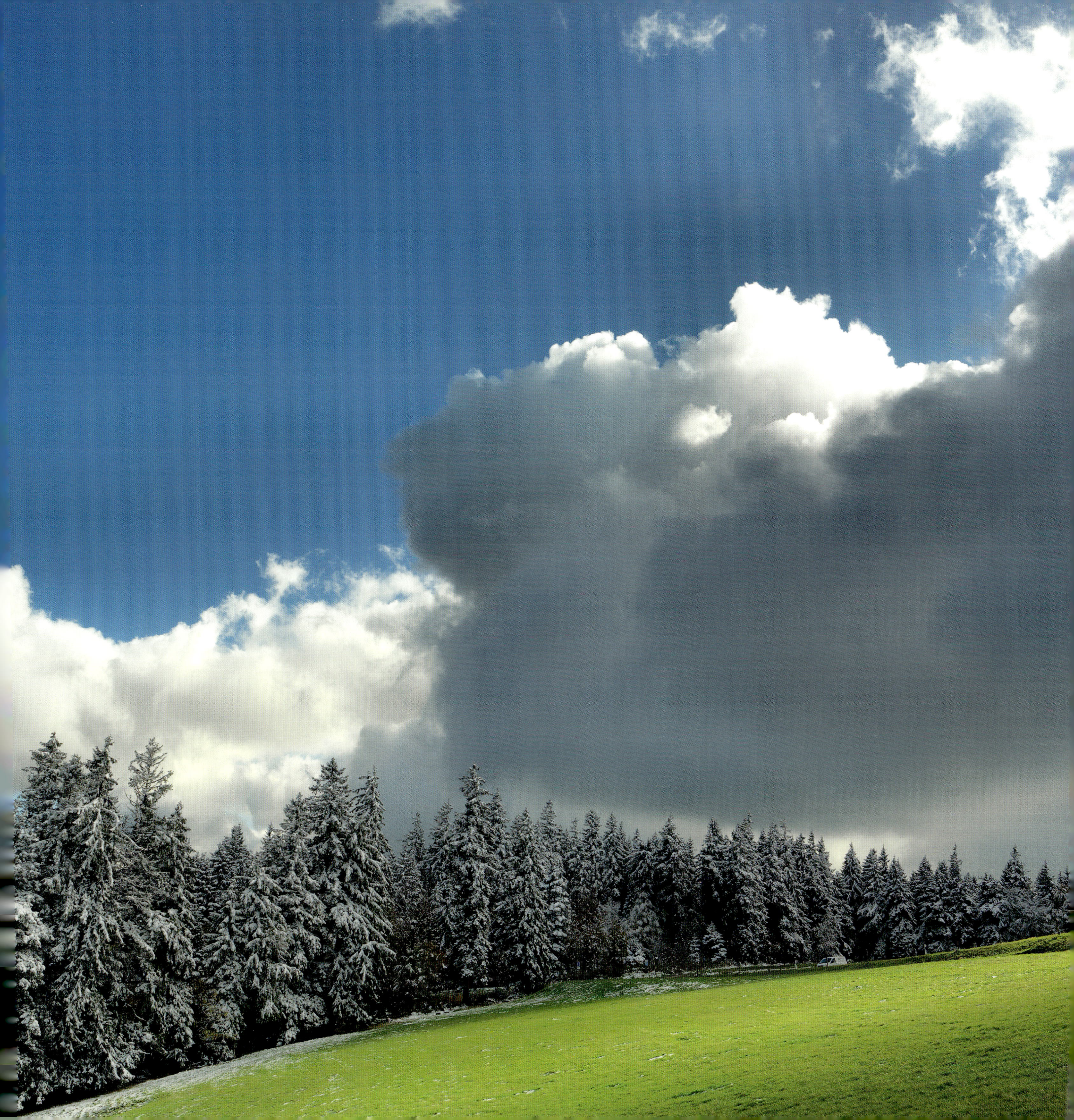

Fahl am Feldberg
Fahl, near Feldberg

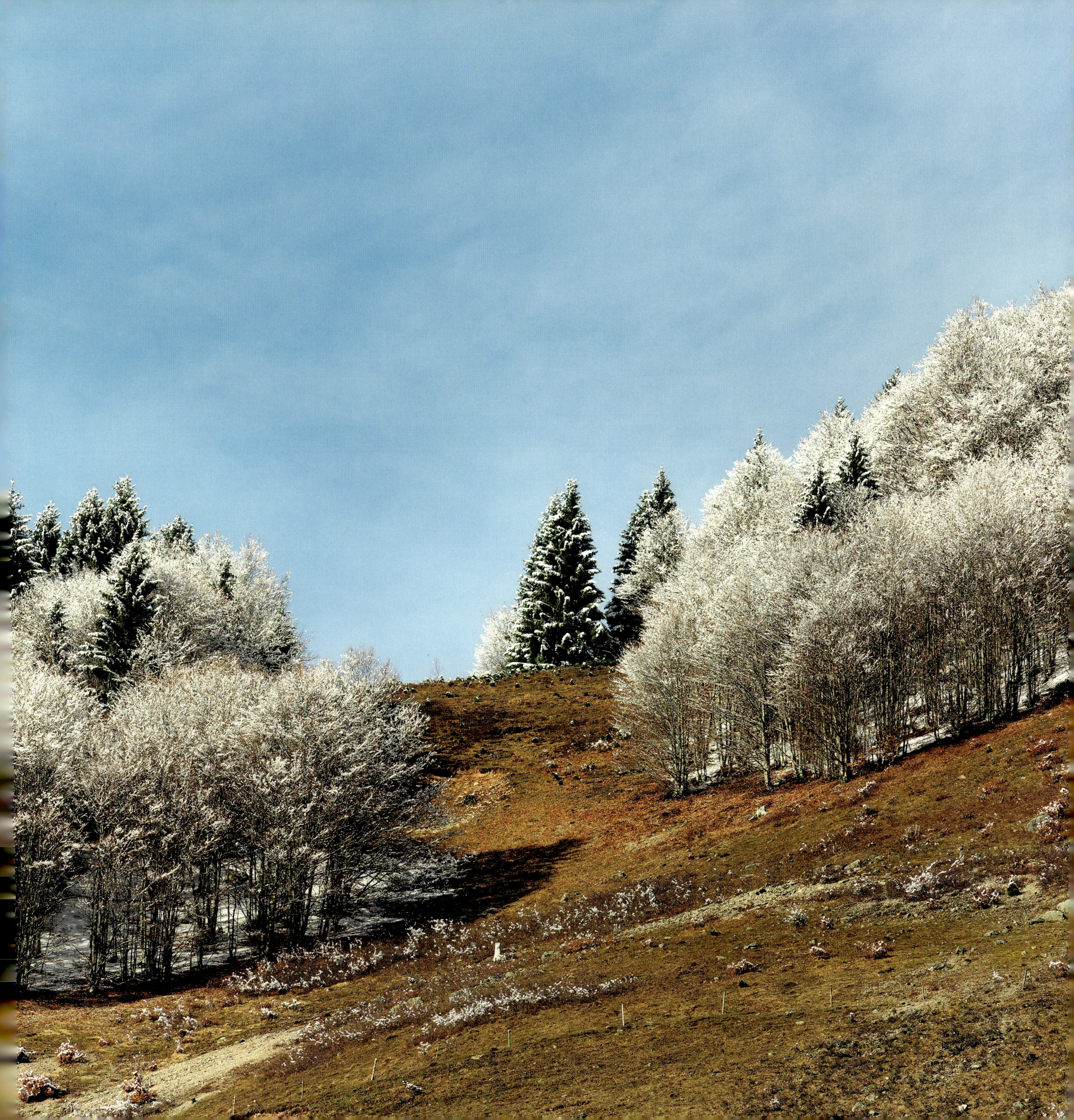

Blick über das Ibental
View over Ibental

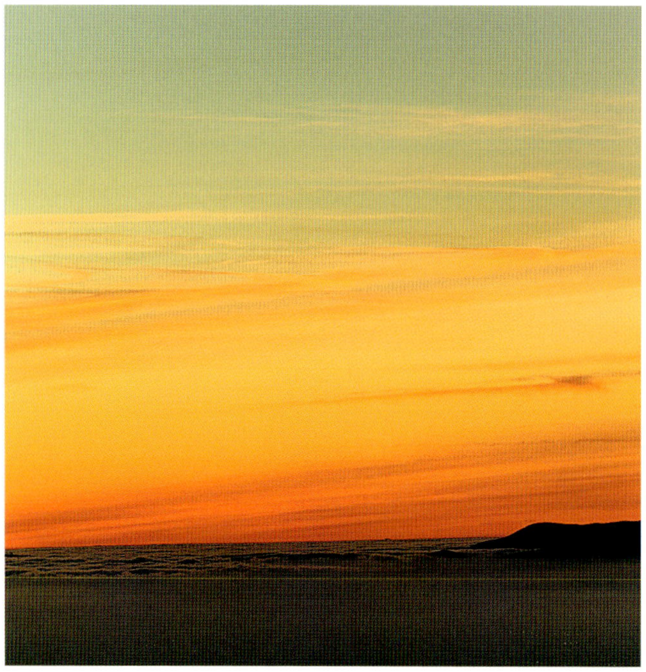

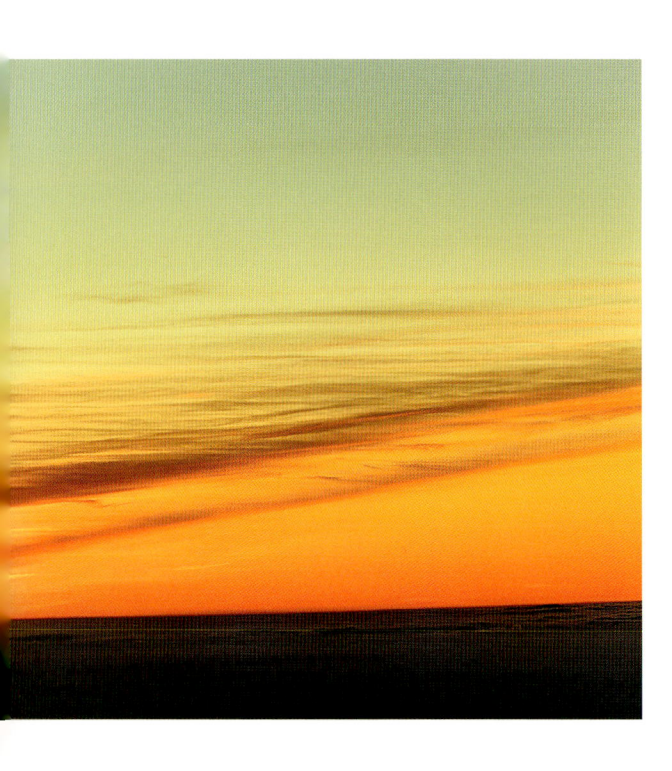

Seite 200 bis 203: Bei Breitnau
Page 200 to 203: Near Breitnau

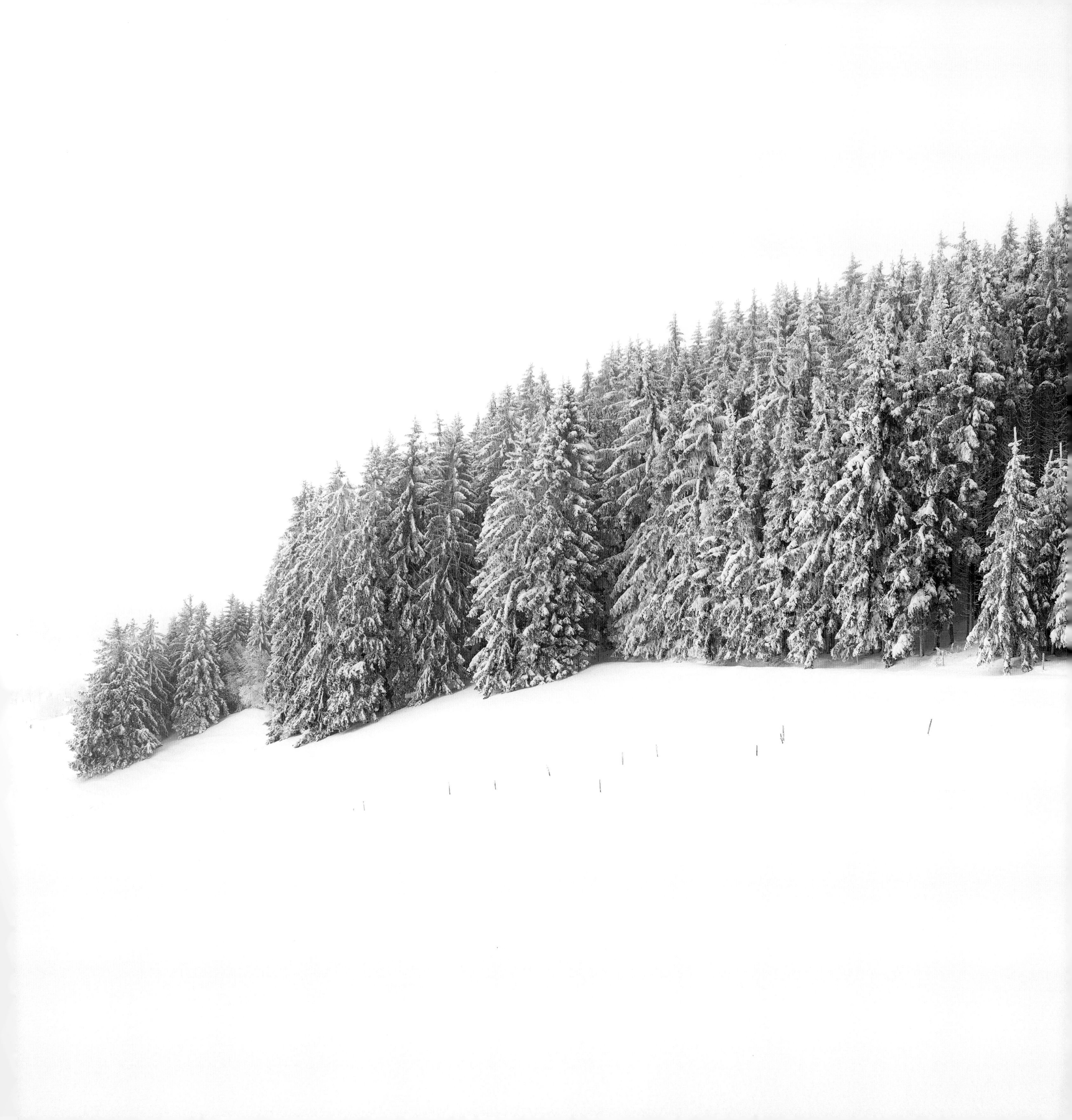

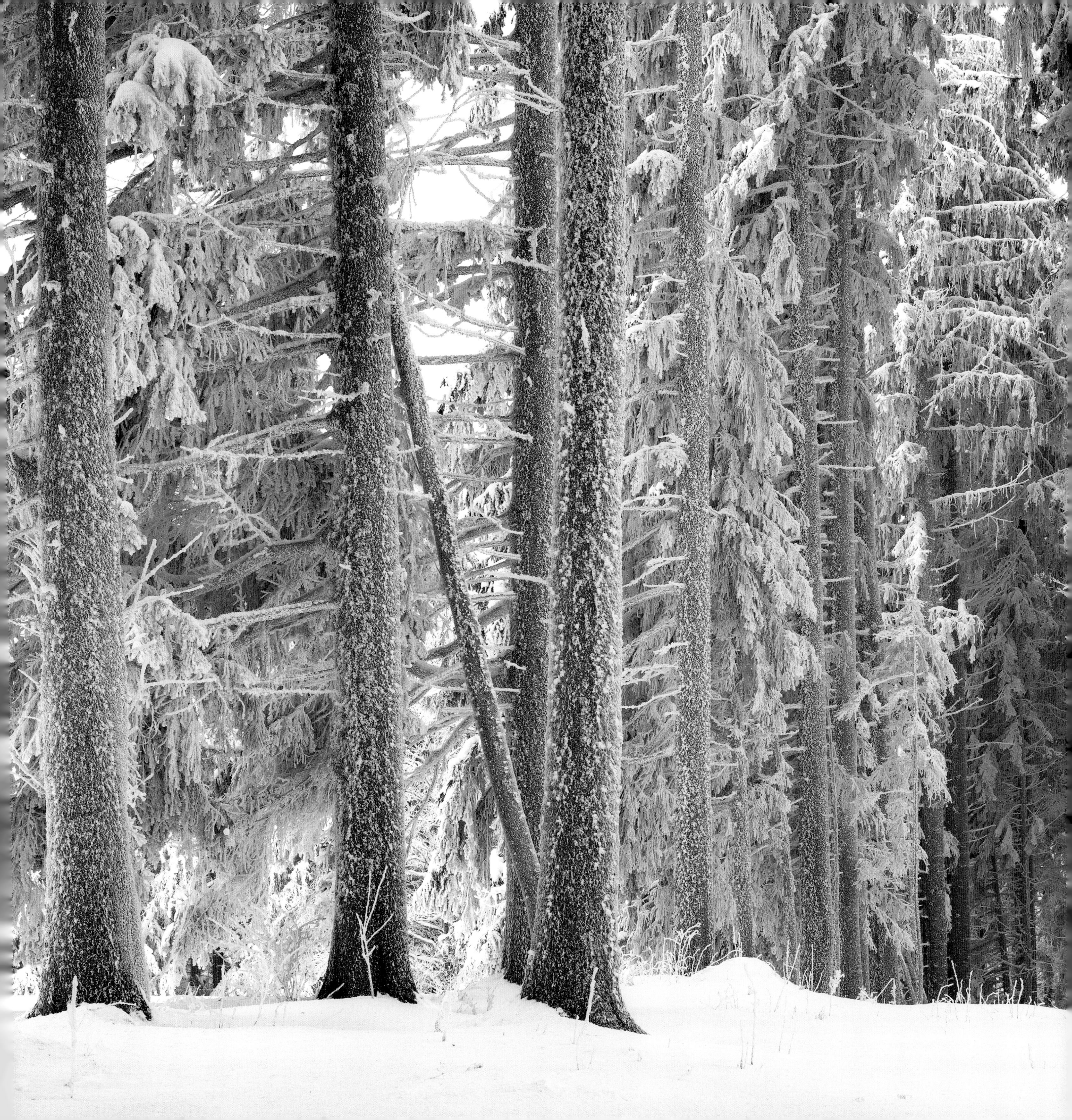

Menzenschwander Wasserfälle
Menzenschwand Waterfalls

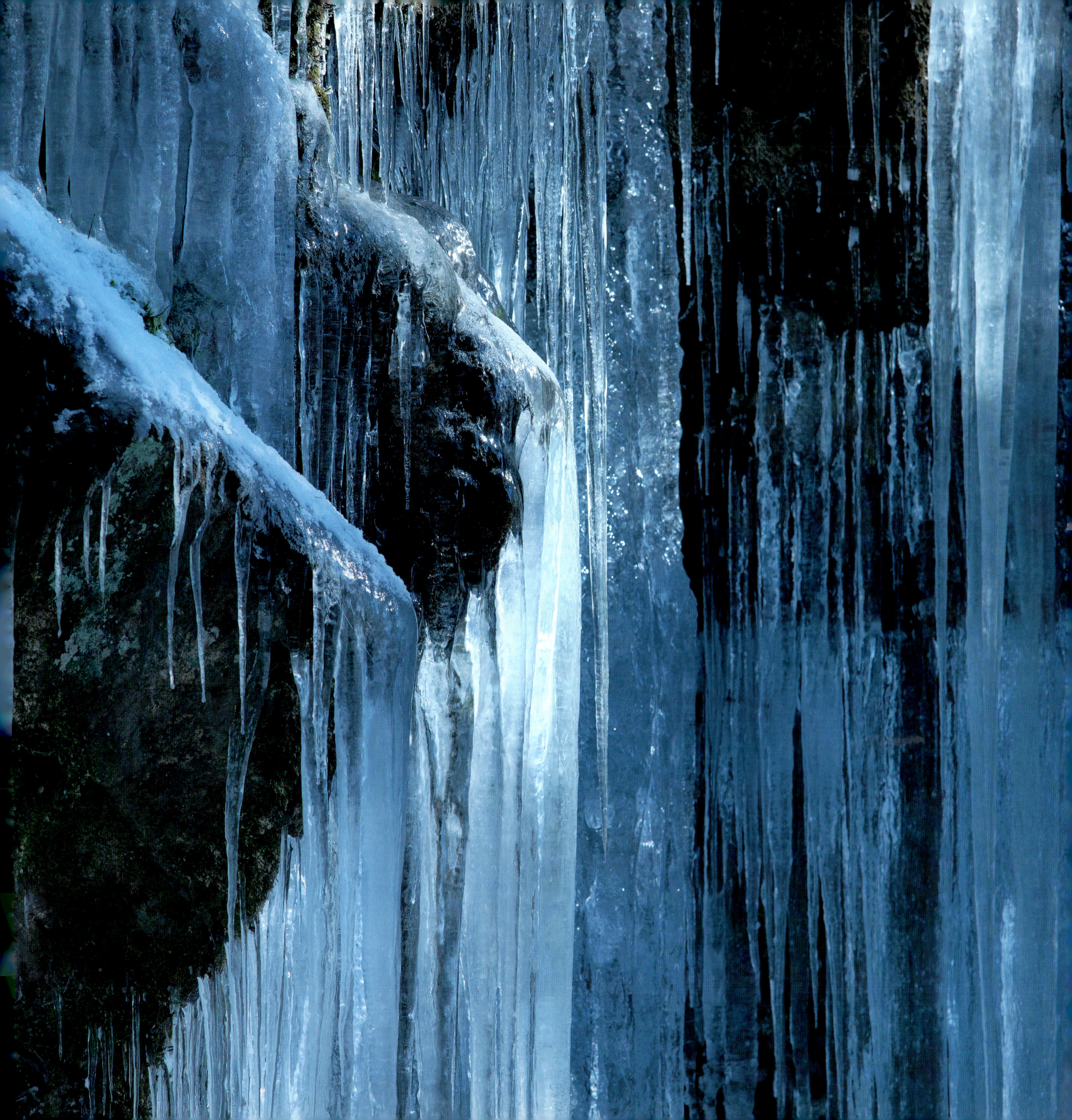

Seite 206 bis 209: Im Jostal
Page 206 to 209: In Jostal

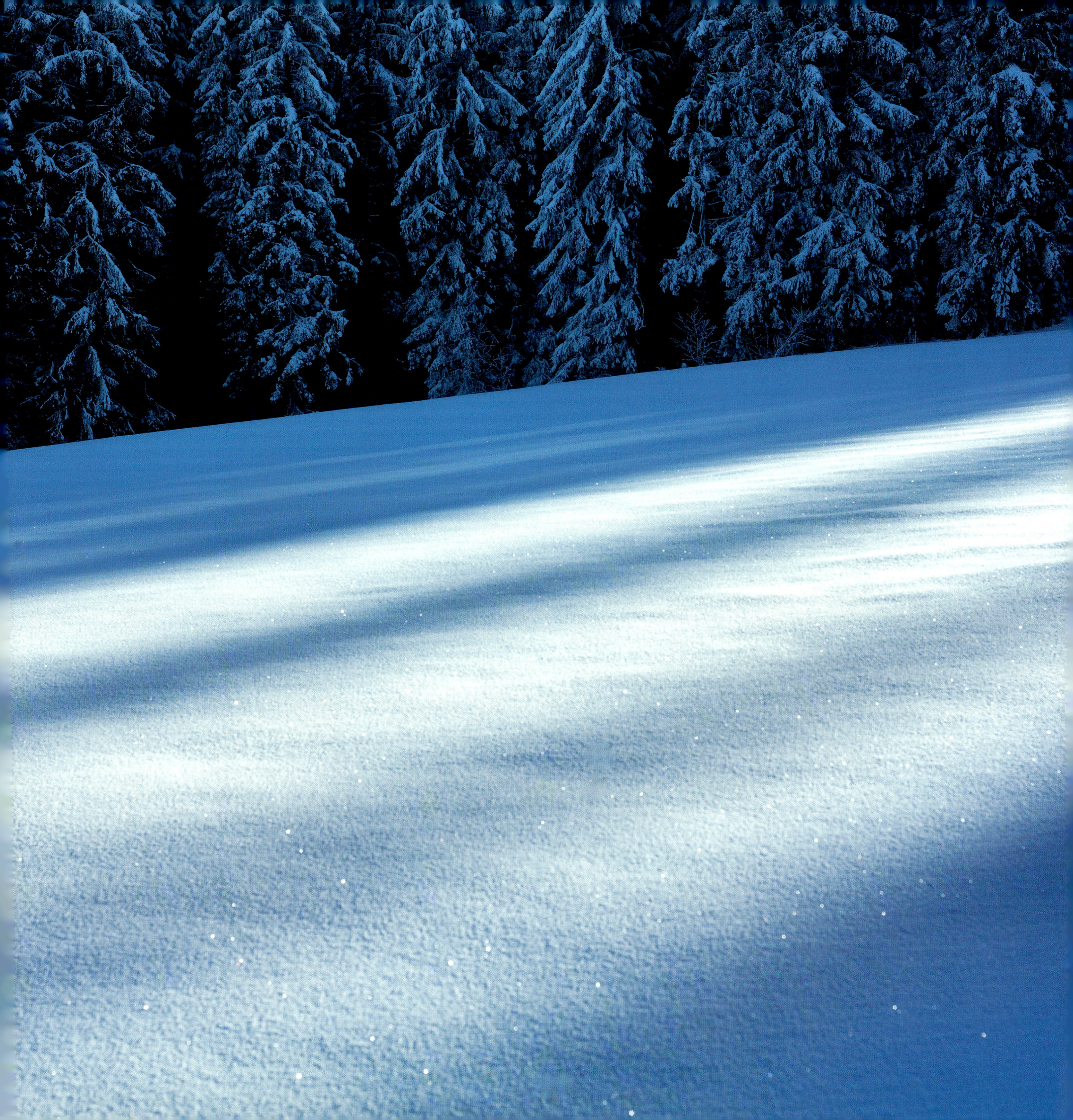

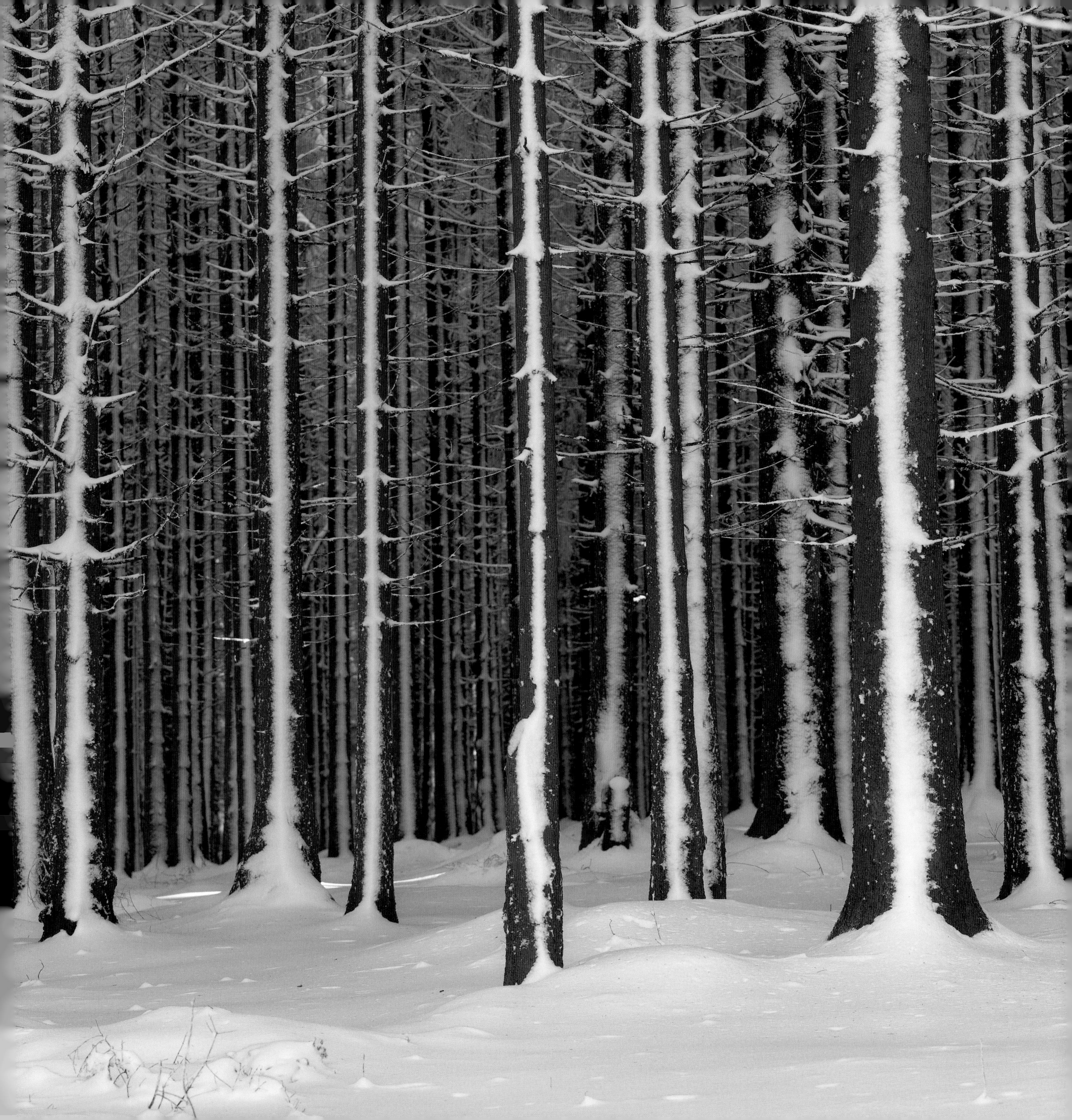

Todtnauer Wasserfall
Todtnau Waterfall

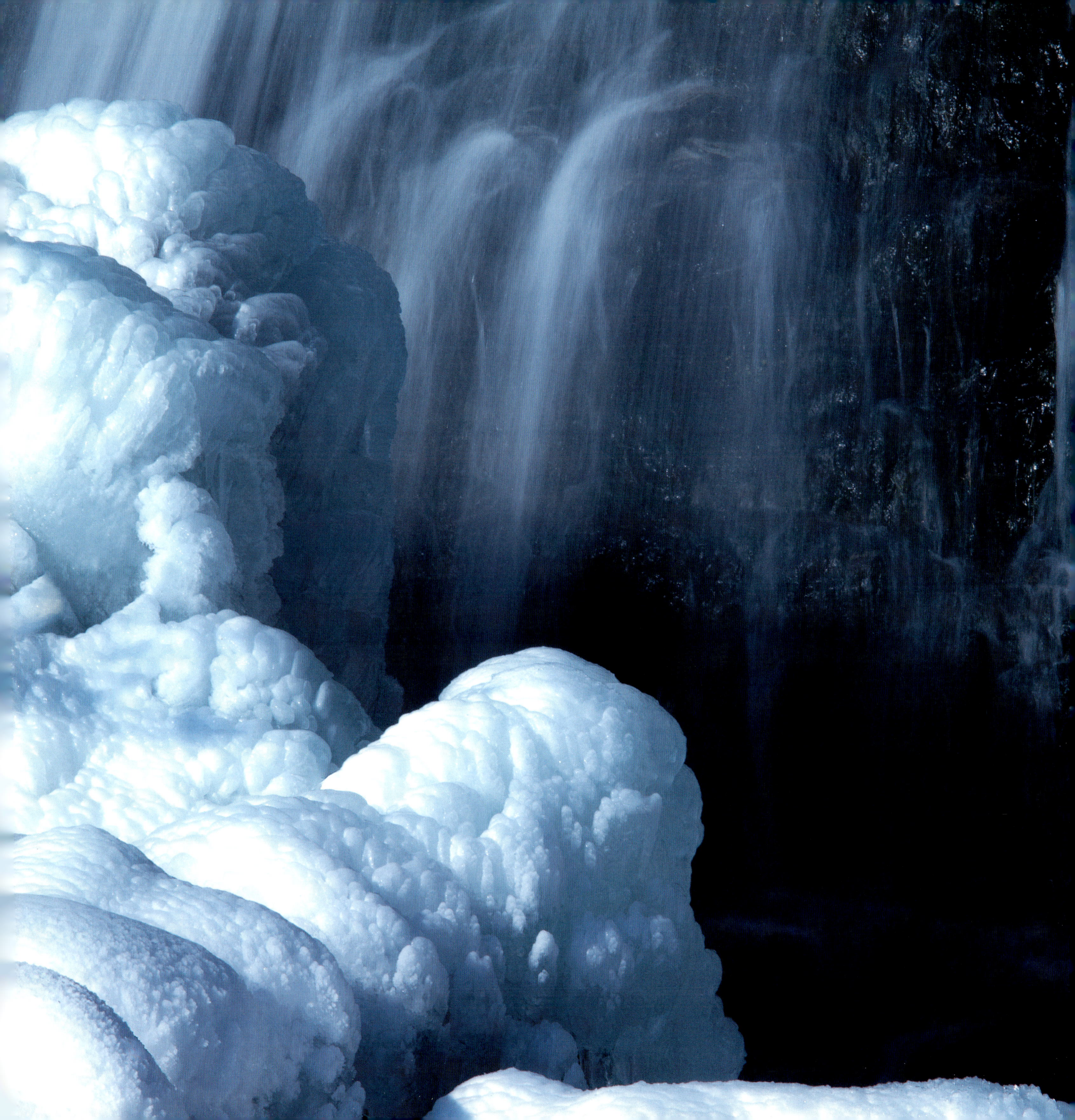

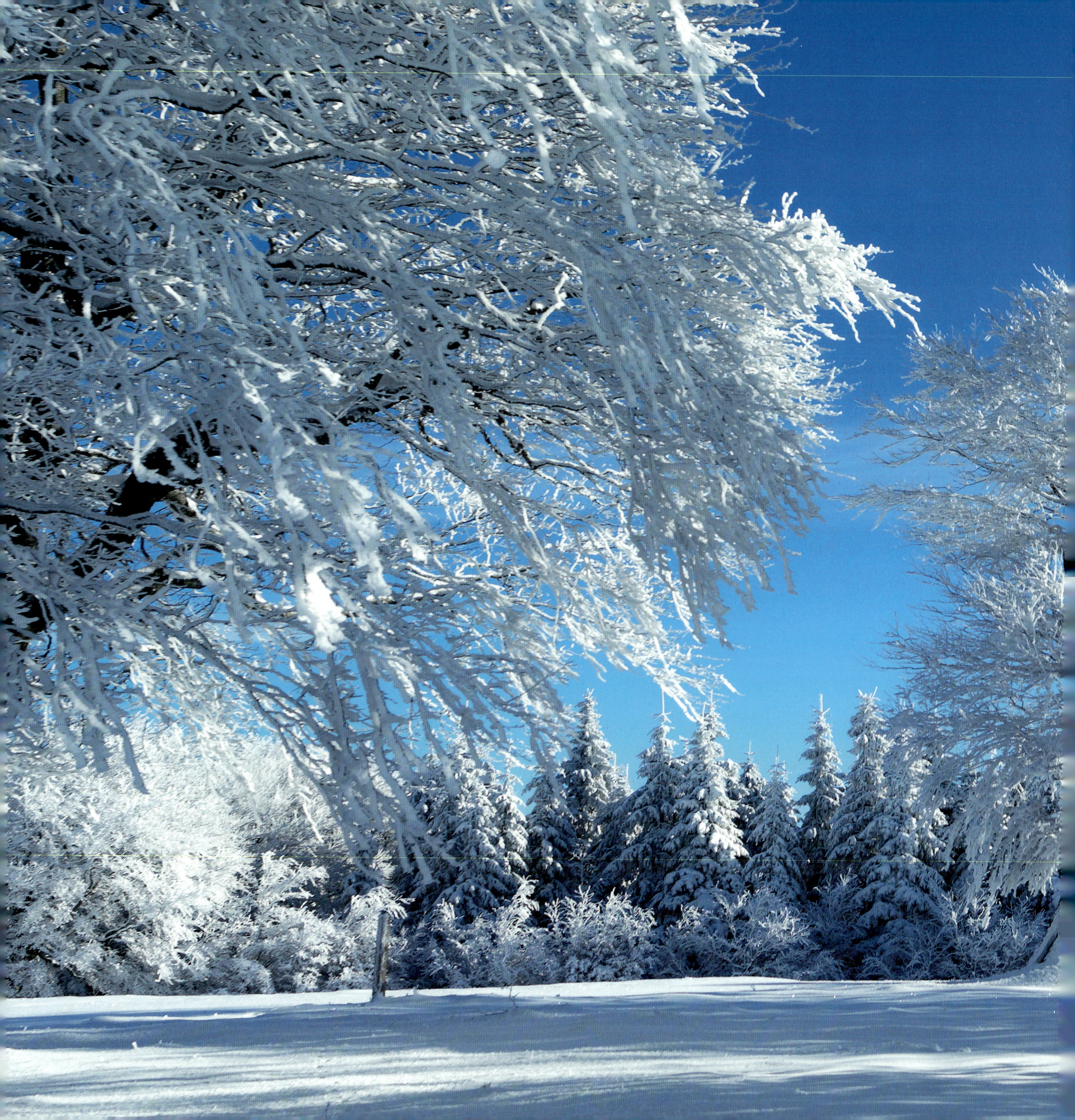

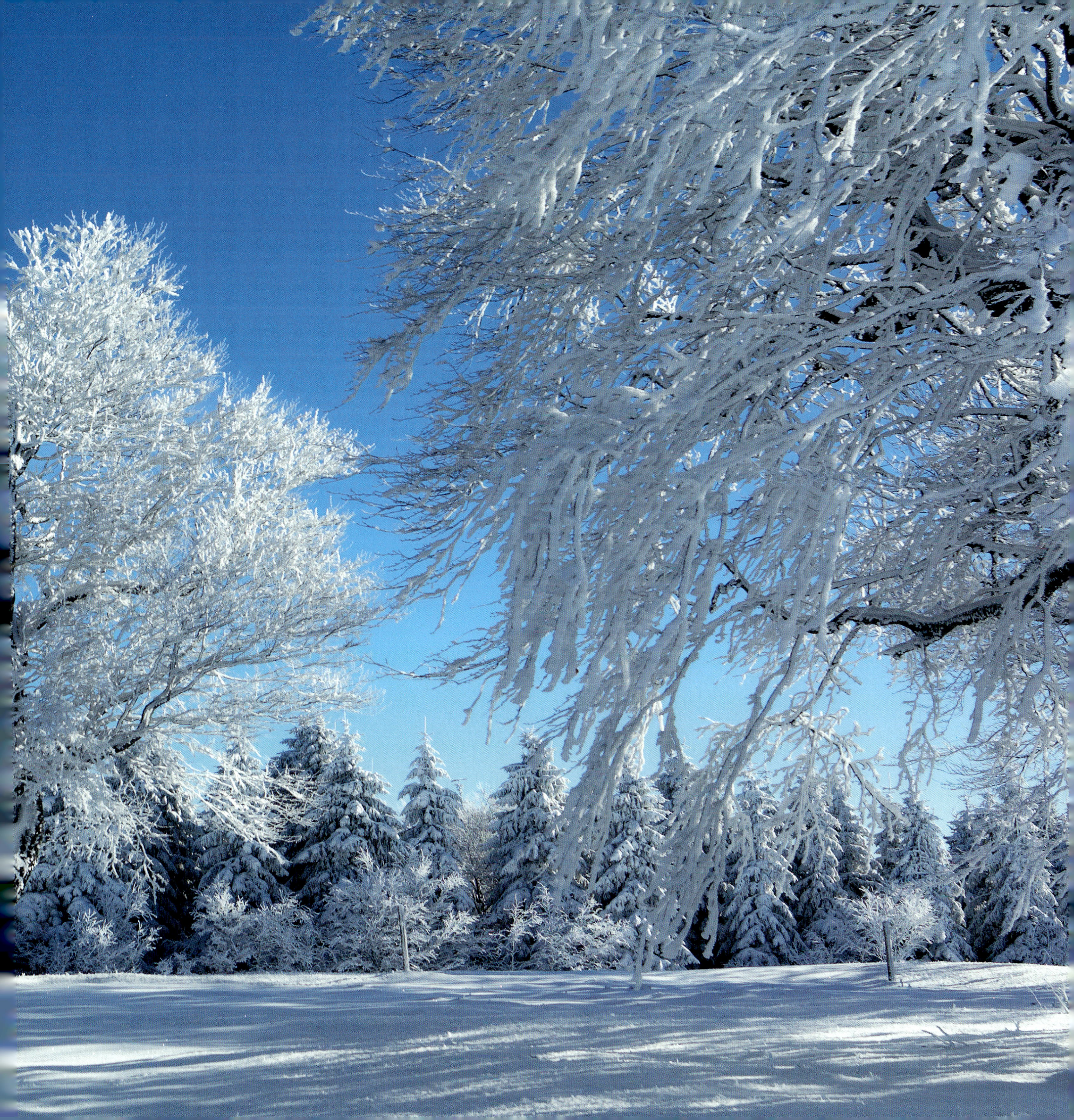

Winterlandschaft bei Hinterzarten
Winter landscape near Hinterzarten

Seite 212/213: Windbuchen auf dem Schauinsland
Page 212/213: Windbuchen (Schauinsland),
where strong winds have shaped the trees

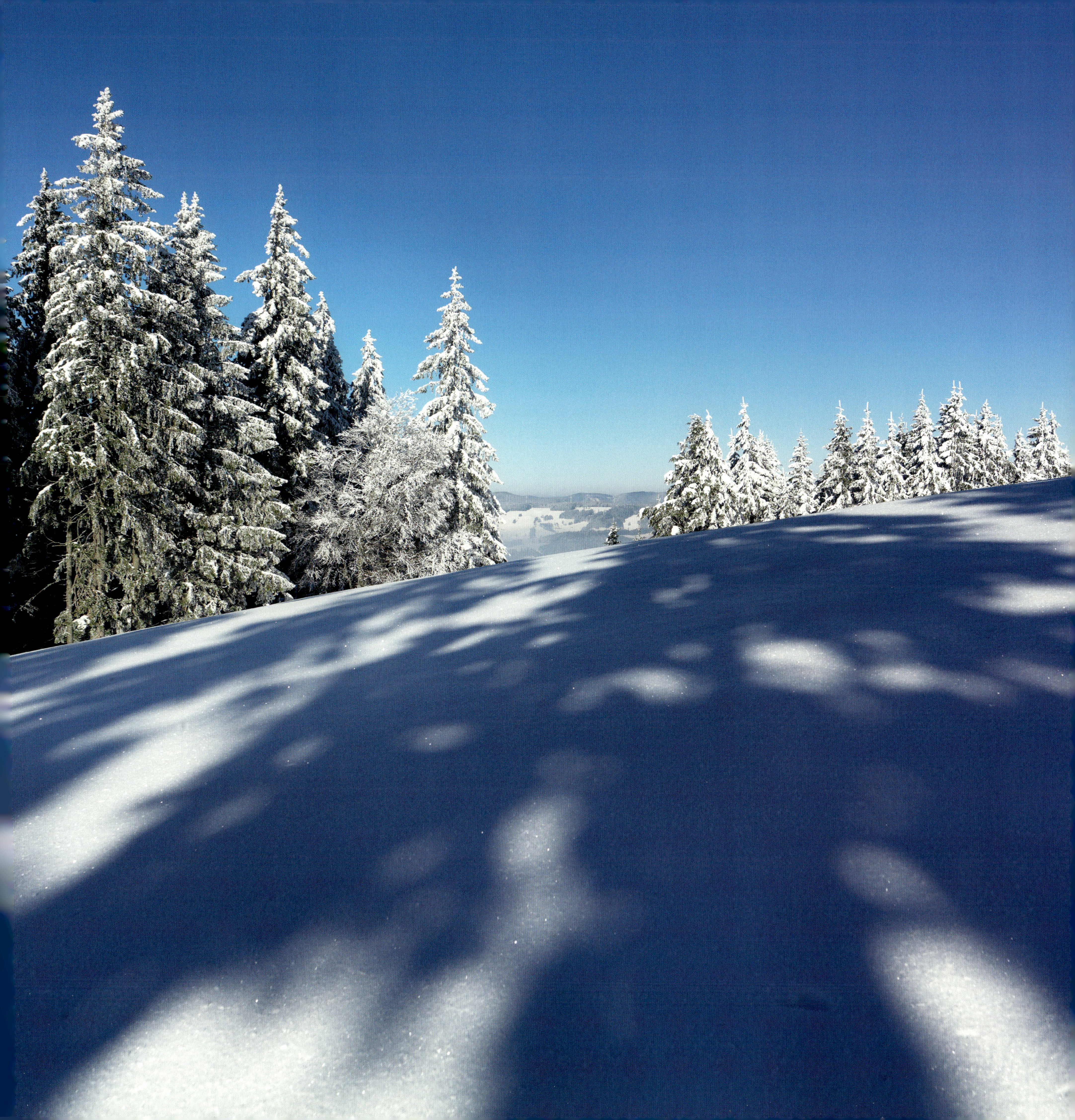

Blick vom Feldberg zu den Schweizer Alpen
View of the Swiss Alps from Feldberg

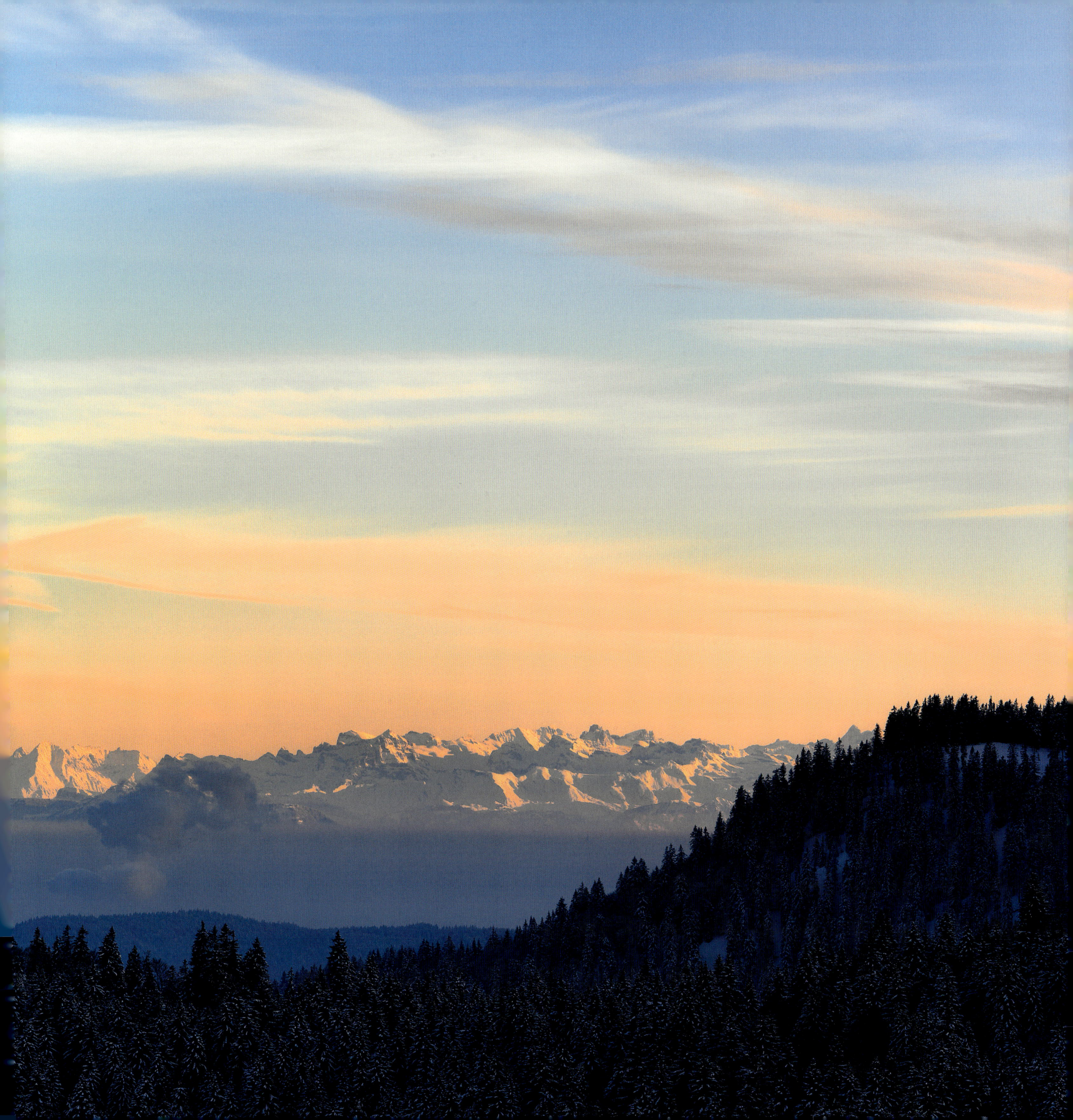

Die höchsten Schwarzwaldgipfel Oben: Der Feldberg
The highest mountains in the Black Forest Above: Feldberg

Rechte Seite: Der Belchen
Right page: Belchen

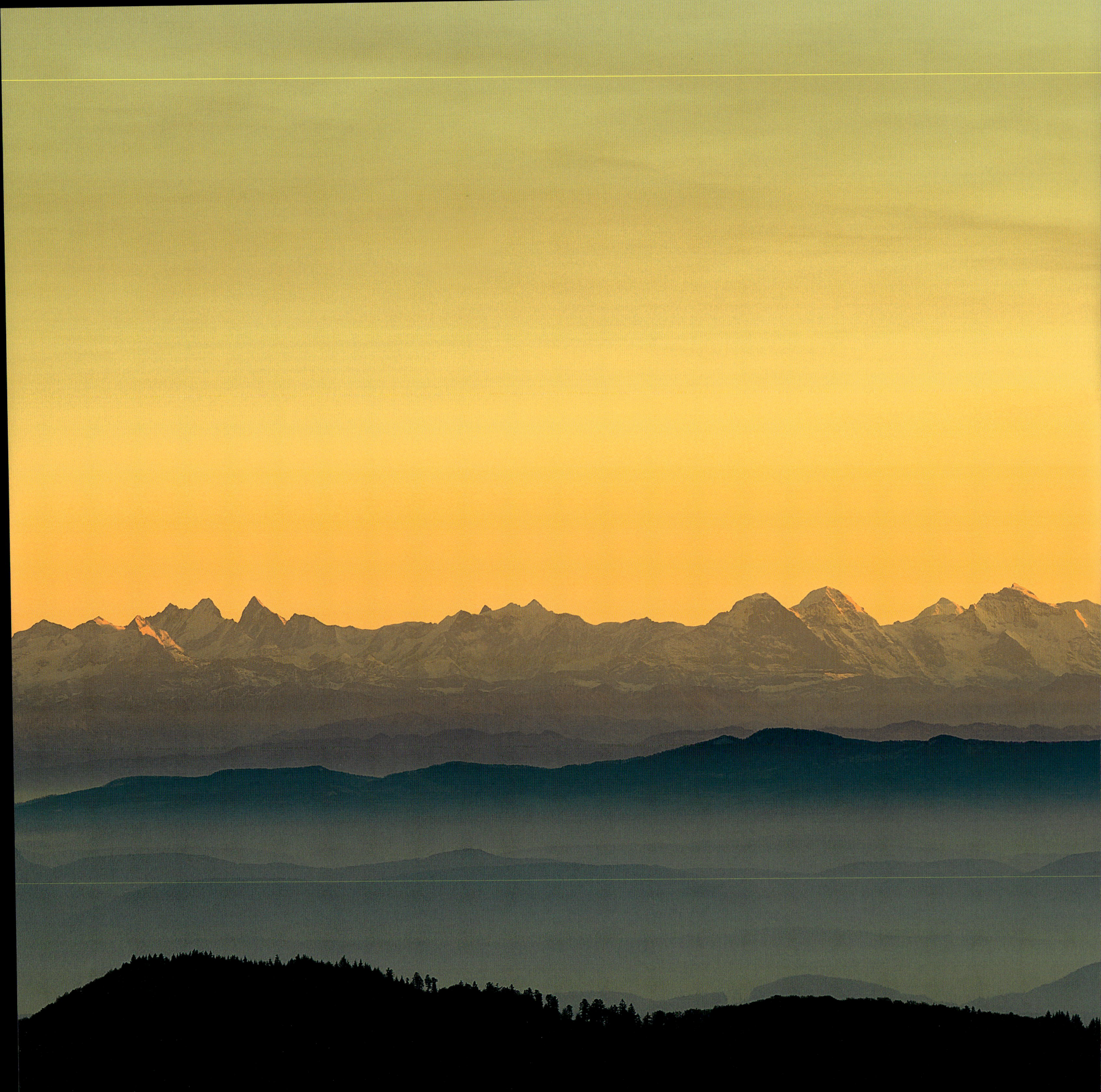

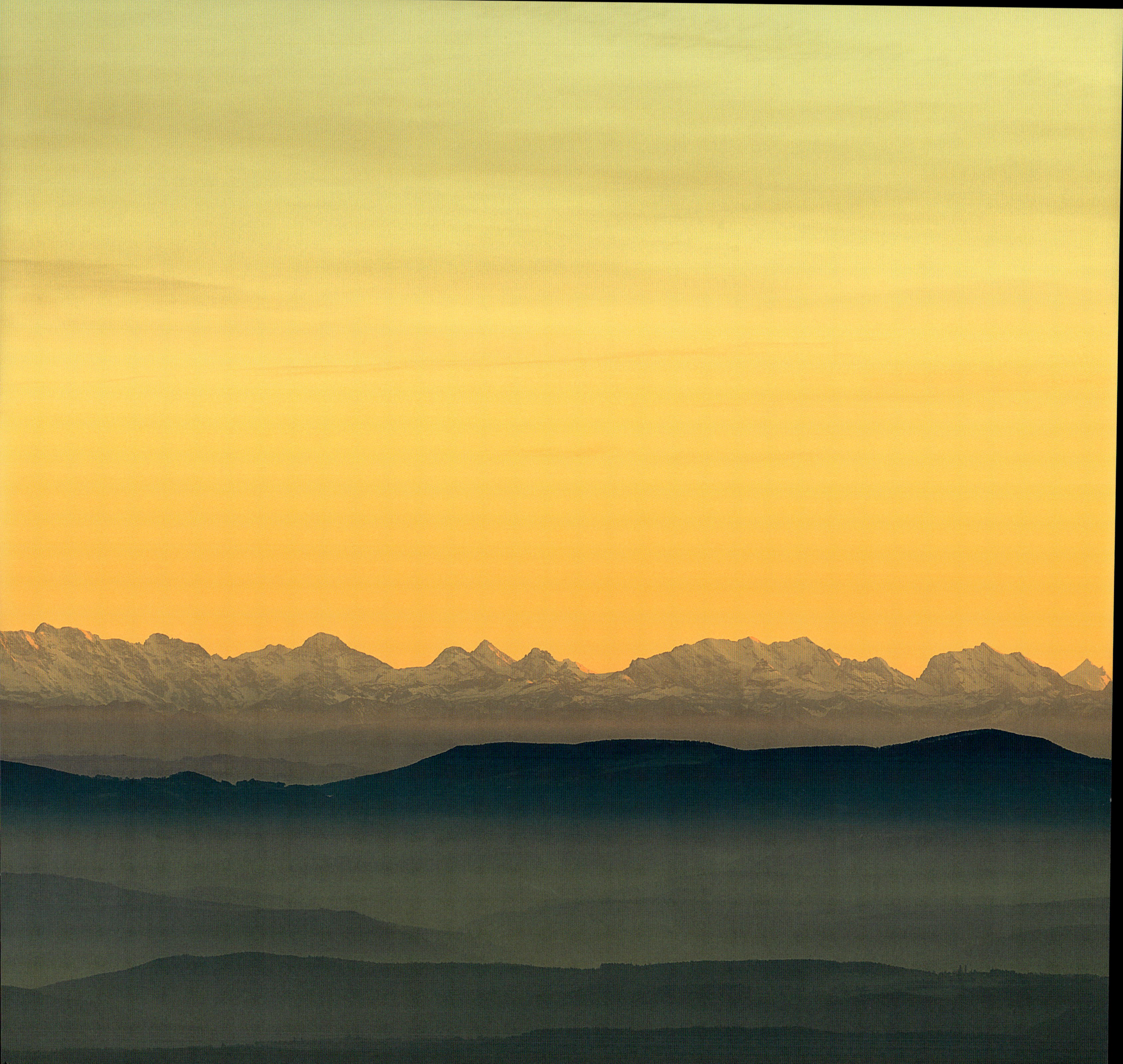

Rechte Seite: Am Stollenbach
Right page: On Stollenbach

Seite 220/221: Blick vom Hochblauen auf das Alpenpanorama
Page 220/221: Panoramic view of the Alps from Hochblauen

Orte

Aftersteg, Todtnau	Seite 164/165	Münstertal	Seite 184/185, 188/189
Bad Rippoldsau-Schapbach	Seite 30/31	Nagoldtalsperre, Seewald	Seite 118/119
Belchen	Seite 60/61, 153, 219	Neuenweg, Belchen	Seite 63
Besenfeld, Baiersbronn	Seite 82/83	Neuhäusle, St. Märgen	Seite 24/25
Breitnau	Seite 50, 59, 200–203	Nonnenmattweiher	Seite 136–139
Dreisamtal	Seite 12, 156/157, 174/175	Oberböllen, Belchen	Seite 60/61
Einsiedel	Seite 48/49	Oberprechtal	Seite 108/109
Erlenbacher Alm	Seite 94	Oberschwärzenbach	Seite 51
Eschbach, Dreisamtal	Seite 23	Präg, Naturschutzgebiet	Seite 166–169, 172/173
Fahl, Feldberg	Seite 58/59, 194/195	Schauinsland	Seite 95, 103, 212/213
Feldberg	Seite 74/75, 103, 216–218	Schiltach, Kinzigtal	Seite 112/113
Feldsee	Seite 80/81	Schluchsee	Seite 54/55, 180/181
Flachenberg, Mühlenbach	Seite 84/85	Schönberg, Freiburg	Seite 162/163
Furtwangen	Seite 90/91	Schönmünzach, Schönmünz	Seite 10/11
Gieshübel	Seite 178/179	Schwärzenbach	Seite 26/27
Glottertal	Seite 18/19, 22	Siedelbach, Titisee-Neustadt	Seite 13
Gschwend	Seite 160/161	Sonnhalde	Seite 56/57
Haslach, Kinzigtal	Seite 22	Spirzen	Seite 46/47
Herrenschwand	Seite 134/135	St. Märgen	Seite 20/21, 50
Hexental	Seite 170/171	St. Peter	Seite 75, 110/111
Hinterwaldkopf	Seite 28/29, 92/93	Stohren	Seite 178/179
Hinterzarten	Seite 214/215	Stollenbach	Seite 223
Hochblauen	Seite 220/221	Thurner	Seite 12, 110/111
Huzenbacher See, Baiersbronn	Seite 98–101	Titisee	Seite 131, 190/191
Ibental	Seite 196/197	Todtnau, Todtmoos	Seite 158/159
Igelsberg, Freudenstadt	Seite 114–117	Todtnauer Wasserfall	Seite 16/17, 210/211
Jostal	Seite 206–209	Tote Mann	Seite 186/187
Kandel	Seite 74, 104/105, 192/193	Triberger Wasserfälle	Seite 106/107
Kinzigtal	Seite 22/23, 84/85	Wagensteigtal	Seite 76/77
Kloster Allerheiligen, Oppenau	Seite 122/123	Wiedener Eck	Seite 124/125
Klosterweiher, St. Blasien	Seite 72/73	Wiesental	Seite 62
Kniebis, Hochmoor	Seite 86/87	Wildseemoor, Kaltenbronn	Seite 120/121
Knöpflesbrunnen, Todtnau	Seite 132/133	Willmendobel, St. Peter	Seite 70/71
Lenzkirch	Seite 183	Windgfällweiher	Seite 182
Menzenschwander Wasserfälle	Seite 204/205	Wutachschlucht	Seite 64–69
Mummelsee	Seite 88/89	Zastlertal, Oberried	Seite 92/93

Autoren

Achim Käflein arbeitet als selbstständiger Photodesigner in Freiburg. Neben seinen Werbeaufträgen fotografiert er Bildbände und Kochbücher für Verlage im In- und Ausland sowie für seine eigene Edition. Viele seiner ca. 70 Bildbände erhielten Auszeichnungen und Preise, darunter den World Cookbook Award für das beste Kochbuch.

Alexander Huber arbeitet als leitender Redakteur der Badischen Zeitung und lebt mit seiner Familie in Schliengen im Markgräflerland. Er ist Autor verschiedener Bücher der edition-kaeflein.de.

Georg Schramm ist einer der erfolgreichsten politischen Kabarettisten Deutschlands. Er gewann unzählige Preise, so auch den Deutschen Fernsehpreis für die Sendung „Neues aus der Anstalt". Er wohnt im Schwarzwald in der Nähe von Badenweiler.

Achim Käflein is an independent photographer based in Freiburg. Besides advertising assignments, he also does photography for photo books and cookbooks for publishers in and outside Germany as well as for his own publishing company. Many of his approximately 70 photo books have received awards and prizes, including the World Cookbook Award.

Alexander Huber is a leading editor for the Badische Zeitung daily newspaper and lives with his family in Schliengen in the Markgräflerland region. He is the author of a number of books published by edition-kaeflein.de.

Georg Schramm is one of Germany's most successful political cabaret artists. He has won countless awards, including the German Television Award for his show Neues aus der Anstalt. He lives in the Black Forest, near Badenweiler.

© edition-kaeflein.de – Freiburg
www.edition-kaeflein.de
info@edition-kaeflein.de

Konzept – Fotografie – Gestaltung
Achim Käflein – Freiburg
www.kaeflein-photodesign.de

Text
Alexander Huber – Schliengen

Vorwort
Georg Schramm – Badenweiler
www.georg-schramm.de

Übersetzung
BethAnne Freund

Satz
Iris Herr

Redaktion
Annette Trefzer-Käflein
Christoph Schwalb

Titelbild: Blick vom Herzogenhorn Richtung Südwesten
Cover: View from Herzogenhorn to the southwest

Produktion
edition-kaeflein.de
Freiburg 2012

ISBN 978-3-940788-16-0

Dieses Werk einschließlich aller seiner Teile ist urheberrechtlich geschützt. Jede Verwertung außerhalb der Eigennutzung ist ohne Zustimmung des Verlags sowie der Autoren nicht erlaubt. Das gilt insbesondere für die Vervielfältigung, Übersetzung, Mikroverfilmung oder die Einspeisung ins Internet oder die Erstellung von elektronischen Medien wie CD-ROM, DVD und Video. Alle in diesem Buch enthaltenen Angaben wurden von den Autoren sorgfältig recherchiert und vom Verlag auf Stimmigkeit und Aktualität geprüft – dennoch kann keine Haftung für die Richtigkeit der Informationen übernommen werden.

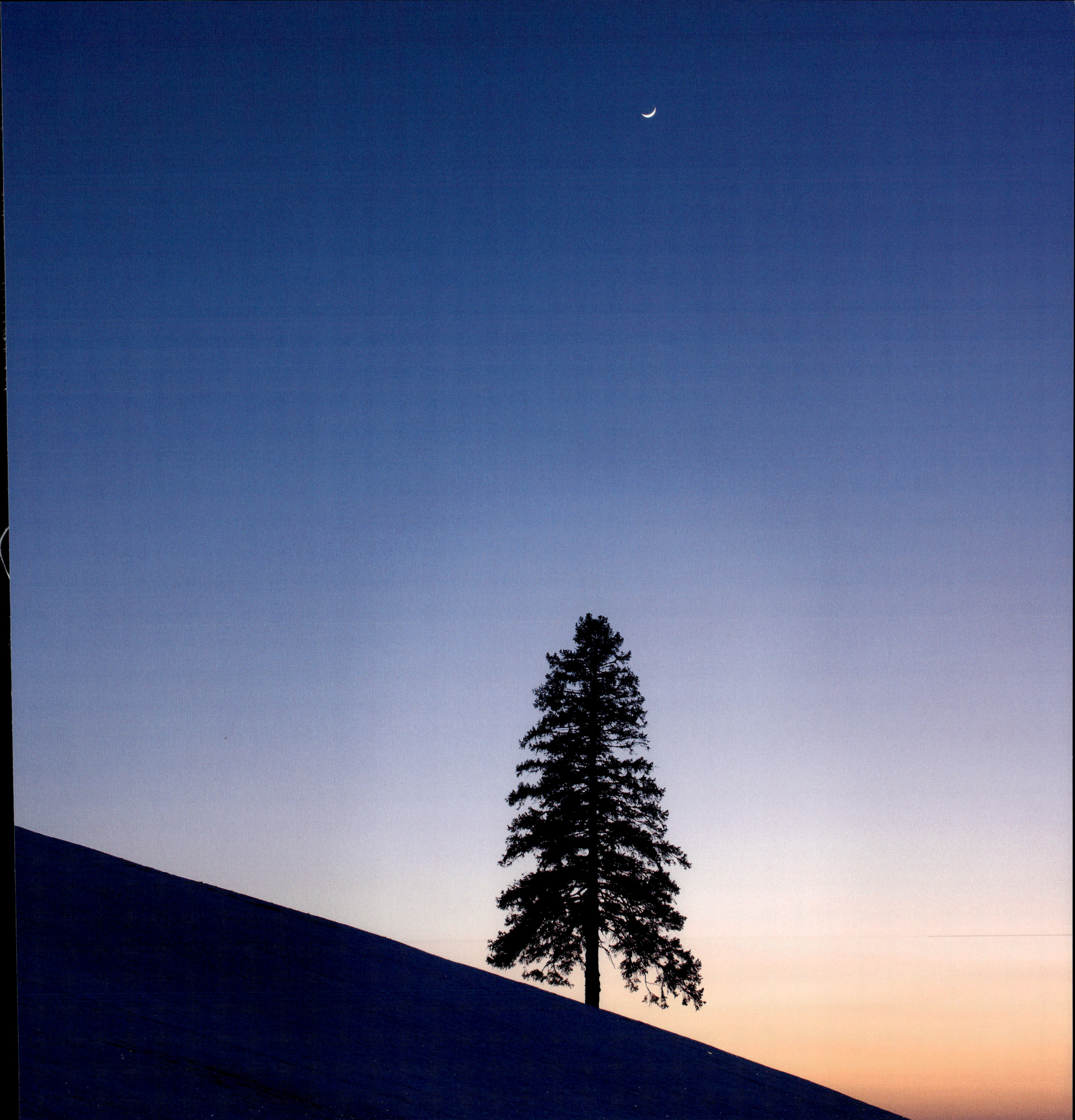

Das Projekt

Die Rückbesinnung auf die Langsamkeit im positiven Sinn ist seit einigen Jahren ein zunehmend aktuelleres Thema in unserer Gesellschaft. Stress, Leistungsdruck und Überforderung belasten heute immer mehr Menschen und sorgen für permanente Unruhe. Zeit ist knapp und dadurch wertvoll geworden. Zeit zu haben und sich Zeit zu nehmen scheint Luxus der Privilegierten zu sein.

Oder ist es vielleicht doch eher eine Frage des Bewusstseins und der eigenen Einstellung? „Gut Ding will Weile haben" sagt ein überliefertes Sprichwort, „Entschleunigung" ist der moderne Kunstbegriff für die gleiche wertvolle Erkenntnis, dass gewisse Dinge und Tätigkeiten ganz einfach Ruhe und ausreichend Zeit benötigen, um ihre Qualitäten zu entfalten. Dies gilt besonders für die klassische Landschafts- und Naturfotografie. Jahreszeiten und Wetter lassen sich nicht beeinflussen und terminieren. Äußere Gegebenheiten diktieren den Tagesablauf des Fotografen und bestimmen maßgeblich das resultierende Ergebnis. Zeit darf hier nicht der entscheidende Faktor sein.

Das Warten auf die Sonne, auf das Ende des Regens oder das Lichten des Nebels „kostet" Zeit. So gesehen ist der vorliegende Fotoband „Schwarzwald" ein wahres Luxusprodukt. Ein Jahr lang bereiste ich die wunderbare Landschaft zwischen Pforzheim und Basel, so oft sich die Gelegenheit dazu bot. Meist zu Fuß durchstreifte ich Wälder, Täler und Hochebenen oft tage- und wochenlang. Im Rucksack meine mechanische Hasselblad-Ausrüstung ohne jede Automatik, aber mit den legendären Zeiss Objektiven, einem schweren Stativ und einem Handbelichtungsmesser. Einzig das neue, hochwertige, digitale Rückteil der Kamera ist eine Konzession an die Qualitätsanforderungen moderner Produktionsabläufe.

Für die Fotointeressierten sind hier einige Details zur Vorgehensweise und zur Fototechnik: Um höchstmögliche Bildqualität zu erreichen, entschied ich mich für das „langsame" aber technisch überlegene digitale Mittelformat. Mit der obligatorisch benutzten niedrigsten ISO Empfindlichkeit von 50 ASA ergaben sich oft Belichtungszeiten von bis zu einer Sekunde. Jedes Foto wurde deshalb vom Stativ aus gestaltet und belichtet. Um jede Erschütterung zu vermeiden wurde der Spiegel der Kamera vorausgelöst, sodass er vor der Aufnahme hochklappt und der Verschluss des Objektives danach völlig vibrationsfrei ablaufen kann. Das Auslösen erfolgte durch einen langen Drahtauslöser. Nur so war eine wirklich optimale Abbildungsschärfe zu erzielen. Ich arbeitete mit Carl Zeiss Objektiven mit den Brennweiten 40 mm, 50 mm, 80 mm, 150 mm sowie 250 mm an Hasselblad 500 CM Kameras mit CFV Digitalrückteilen. Auf Manipulationen bei der Nachbearbeitung habe ich verzichtet. Die Charakteristik und Farben der Fotos entsprechen den Lichtstimmungen der Aufnahmesituationen.

Nach einem arbeitsreichen Jahr, mit faszinierend schönen Tagen, Stunden und Momenten in der grandiosen, aber auch schutzbedürftigen Natur des Schwarzwaldes freue ich mich über wertvolle Erfahrungen, die sich nicht nur fotografisch „gelohnt" haben.

Achim Käflein

The Project

For a few years now, slowing down in a positive way has been an increasingly important goal for many people in today's society. Stress, pressure to achieve, and overwhelming demands are becoming constant problems for more and more people. Time is short – and therefore valuable. Having time, especially for yourself, seems to be a luxury available only to the privileged among us.

Or is it more a question of awareness and each person's approach to life? „Haste makes waste," some say, pointing out that certain things just take time – and tranquility – to do right.

This is especially true for classical landscape and nature photography, since we can't influence the seasons and the weather, much less make them follow our schedules. Outdoor conditions dictate the photographer's calendar and have a significant effect on the resulting images. Such photography should not be rushed.

Waiting for the sun to show itself, for the rain to end, or for the fog to lift takes time; based on the saying „time is money," this collection of photographs from the Black Forest can therefore be considered a true luxury item.

For an entire year, I roamed across the wonderful landscape between Pforzheim and Basel as often as I could. I wandered through forests, valleys, and plains, usually by foot and often for several days or even weeks. My backpack held my mechanical Hasselblad equipment without any automatic parts, extraordinary Zeiss lenses, a heavy tripod, and a manual exposure meter. The new, high-quality digital camera back is the only concession I made to the quality demands of modern production processes.

For anyone who may be interested, here are a few more details on my equipment and methods. For the highest image quality possible, I decided to use the „slow" but technically superior digital medium format. It was necessary to use an ISO of 50, the lowest possible, which often led to exposure times of up to one second, so I used a tripod to frame and expose each photograph. To rule out any blurriness, I made sure that the camera's mirror was lifted up before each shot so the shutter could then activate without any vibration, and a cable release helped achieve optimal sharpness. I used Carl Zeiss lenses with focal lengths of 40 mm, 50 mm, 80 mm, 150 mm, and 250 mm on Hasselblad 500 CM cameras with CFV digital backs. I decided against manipulations when post-processing the images, which means that their atmosphere and colors correspond to the light conditions when they were taken.

After a busy year full of fascinatingly beautiful days, hours, and moments in the incredible – but also vulnerable – nature of the Black Forest, I am happy to look back on a valuable experience that has rewarded me with more than just these photographs.

Achim Käflein